仕事が10倍速くなる!

# スピード手帳術

松本幸夫 Matsumoto Yukio

日本実業出版社

## はじめに

# 誰でも仕事が10倍速くなる！
# 手帳を使いこなせば

今よりも多い仕事の量を、これまでの10倍のスピードでこなせるようになる。

こんなことをいうと、多くの方は「そんなはずはない」「絶対ムリだよ」ということでしょう。

しかし、その不可能を可能にする方法があるとしたら……。

これから、**ある〝ツール〟を用いて、仕事が多すぎる、いつもバタバタしてしまう、忙しい感じはあるが仕事の達成感がない、といった悩みをすべて解決できる方法**を、あなたにお伝えします。

もしも、「自分は元々の仕事量が多すぎるから、どんな方法も効果がない」という方がいたら、はたして本当にそうなのか、次ページの質問に答える形で考えてみてください。

- 毎日スケジュールを立てて仕事をしていますか？
- ＴｏＤｏリストは使っていますか？
- 「スキマ時間」に何をするか決めていますか？
- １週間の仕事に優先順位はつけていますか？
- 80％の完成度で終えていい仕事に、必要以上に時間をかけていませんか？
- 自分の「プライムタイム」をはっきりつかんでいますか？
- 小さな仕事にも締め切りを設けていますか？

もしも、これらの質問の回答に、１つでも「ノー」があれば、要注意です。**じつはあなたは、「仕事量が多すぎる」のでも何でもないのです。仕事の「進め方」「段取り」が悪いだけです。**

十分に、仕事のスピードアップは可能だと思ってください。

もしもこれらの問いにすべて「イエス」という人は、本当に仕事量を考えてもいいかもしれません。

それでも、今あなたがやっている方法が十分でない可能性は残ります。まずは本書を読んで、今の方法が改善できないか考えてみる価値はあります。

くり返しになりますが、**誰でも仕事のスピードアップは可能**です。

しかし、それは、ただ「作業スピードを上げるだけ」というやり方ではありません。

仮に、今までよりも「作業」のスピードそのものが上がったとしましょう。

ファイリングのスピード、タイピングのスピード、書類を読むスピード、移動するスピード……。しかし、それだけでは、相変わらずバタバタして、仕事に追いかけ回されている状態は変わらないはずです。

なぜでしょうか?

それは、仮に作業スピードが上がったとすると、今までよりも早く仕事が終わります。

そこまではいいのですが、空いた時間をボーッと過ごすわけにいかず、さらにそこに新しい仕事を詰めます。

すると、いつまでたっても今までと同じで、バタバタとしていることになります。

これでは、いくらスピードを上げても何にもなりません。まあ、成果は今までよりも出るでしょうが、本書が目指す仕事の効率10倍アップとは程遠いでしょう。

100メートルを10秒台では走れても、さすがに2秒では走れません。

同じように、作業スピードそのものは、いくら上げても自ずと限界があるのです。

ですので、**単純に「作業スピードを上げる」ことが、仕事のスピードアップの、メインのやり方ではない**のです。


もっとムリをせず、短時間で仕事を完了させてしまう方法があります。

それには、先述したツールとして「**手帳**」を用います。といっても、本書で学べるのはスケジュールの立て方だけではありません。

ただのタイムマネジメントではなくて、そこには目的意識、問題意識、全体展望など大前提としておさえるポイントがいくつかあります。そしてそれは、ただ頭で考えるのではなくて、「視覚化する」ことが欠かせません。

それでは、手帳を用いて仕事を10倍スピードアップできるやり方を、これからお伝えしていきましょう。

2008年2月

松本幸夫

もくじ　仕事が10倍速くなる！　スピード手帳術

# 第2章 やりたい仕事に集中できる「スケジューリング」の極意

# 第4章 短時間にアイデアを量産できる「メモ」のとり方

## 第5章 手帳の力を10倍アップする「ツール」集

装丁◎冨澤 崇
本文デザイン◎ムーブ（川野有佐）
本文イラスト◎坂木浩子

# 第1章

# 仕事効率を劇的に高める「スピード手帳術」の基本

01

# 仕事の生産性を左右する「プライムタイム」

## ◉「プライムタイム」は結果が出せる時間帯

仕事のスピードアップを考えたとき、まず欠かせないのは「時間の質」です。じつは、あなたにとって、「質の高い」「生産性の高い」時間があるのです。

どうでしょうか？　夕方になって、疲労がたまってきて頭もボーッとし始めたときに、いい仕事ができるでしょうか。出社して仕事の下準備を整えて、「さあやるぞ！」と始めたときの仕事と、〝質〟が違うはずです。

あなたの能力の発揮度合いが高い時間帯を「**プライムタイム**」と呼びます。

このプライムタイムに「重要な仕事」「やるべき仕事」を集中してこなせると、結果として仕事の大幅なスピードアップが図れるのです。

しかし現実には、このプライムタイムにルーティンワークや雑用をしたり、ただ会議に参加していたりします。当然、仕事がはかどらないことになります。

また、大切な仕事を、プライムタイムではない、能率のよくない時間にやることになるので、結果として余分な時間がかかってしまいます。

これは「能力差」ではないのです。あなたに仕事上のスキルがあって、やる気があったとしても**時間帯が悪いと思うように結果が出ない**ということは忘れないでください。

## ◉プライムタイムには個人差がある

人によって、プライムタイムは異なります。

サーカディアン(概日)リズム、という言葉を聞いたことがある人がいるかもしれません。これはいわゆる「体内時計」のことで、人間の体には約25時間周期で1日を終えるリズムがあります。つまり体で感じている1日(約25時間)と、本当の1日(24時間)には差があり、そこは〝調整〟が欠かせません。

具体的には太陽の光によってホルモンの分泌が切り換わり、〝調整〟がうまくいきます。

とにかく窓を開けて、陽の光を浴びて、脳に「朝ですよ」と知らしめるところから、1

日はスタートです。

睡眠中は何も食べないので、〝脳の栄養〟であるブドウ糖が欠乏状態です。このまま朝食抜きで出社してしまうと、エネルギー源がないので、集中して頭を使うような仕事はしにくくなります。

私は、研修などで「朝の2時間のプライムタイムに集中して仕事をしよう」を提唱しています。しかし、これも朝食をしっかりとることが前提です。

私の研修でも、最近は受講者の半数を占める女性の中に、ダイエットのために朝食をほとんどとらないという方が多くいます。

すると、午前中はエネルギー不足のために、頭の働きはよくなく、体も動きにくいので、外回りの営業などは効率よくありません。

最近では女性誌の取材を受けることも多いのですが、編集や取材の方に伺っても、「プライムタイムは午後」という人は多いのです。

もともと**起床後2～3時間からがプライムタイムになる**といわれています。

つまり、6時に起床したら、9時ぐらいからプライムタイムに入ってきます。

## ●「プライムタイム」の使い方で差がつく！●

プライムタイムを雑用・会議などに使う人

↓

生産性の高い時間を活かせない

↓

**仕事のスピードダウン**

プライムタイムをやるべき重要な仕事に使う人

↓

質の高い仕事を集中してこなせる

↓

**仕事のスピードアップ**

**「プライムタイム」に集中して**
**重要な仕事をすれば、効率も成果もアップする**

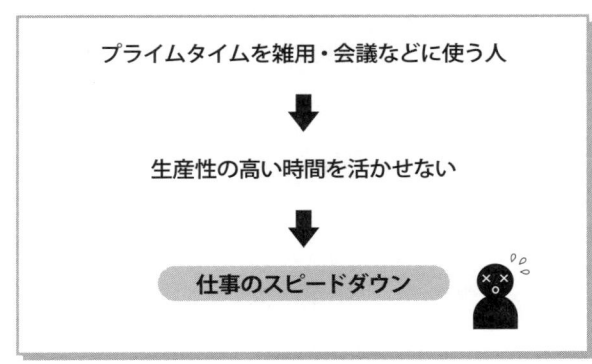

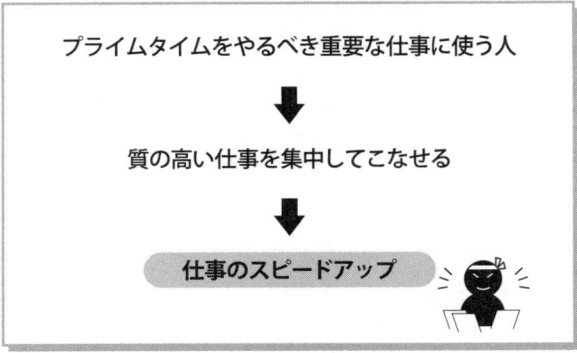

起床後に朝食をとるとか、散歩をしたりストレッチをしたりして、「出社してすぐにフルスピードで仕事する」のが1つの理想でしょう。

とはいえ、私がいいたいのは、プライムタイムは、その人の生活習慣によって左右されるということです。

「プライムタイム」を活用するためには、次のステップを踏みましょう。

- **第1ステップ　自分のプライムタイムがいつなのかをよく知っておく**
- **第2ステップ　プライムタイムにいい仕事ができるようにスケジュールを立てる**
- **第3ステップ　いつでもプライムタイムになるように集中力をつける**

この第3ステップまで完全にマスターできたなら、あなたは今までの10倍、仕事をスピーディーに、スマートにこなせるようになります。詳しくは次項で説明します。

02

# 「プライムタイム」を活かす3ステップ

## ◉第1ステップ　プライムタイムの分析法

多くの人は、午前中の90分から120分が、プライムタイムになります。

もちろん、前の晩に飲みすぎたとか、風邪を引いたとかの特別な場合は除きます。

また、食習慣でいうと、朝食をまったくとらない人は、多くの人が「眠くなる」ような午後、昼食後のほうがパワーが出るというケースもよく聞きます。

ですから、個人差はあるわけです。


これは一度、ウィークデイにチェックしてみてください。イベントが特にない、通常の平日を分析してみます。

「今が一番ピーク」

「少し疲れている」
「考える力があまりない」
「頭の働きがいいな」
というように、時間の節目に、自分が今どのような状態にあるのかをチェックして、このとき、一番いいパフォーマンスが発揮できるのが、あなたのプライムタイムです。

研修などでは、以前はプライムタイムを「1日1回」と教えていて、そこに「集中して仕事をする」ことを、強調してきました。

しかし、現実には「1日1回」では、どうしても避けられない会議やクレーム対応などでプライムタイムが自分のために使えないと、その日はムダになってしまいます。

そこで今は、メインのプライムタイムに加えて、もう1つ「**サブ**」といえるような、2番目に効率の高いプライムタイムも見つけてもらっています。

私は、プライムタイムに集中して原稿を書くというやり方に変えたら、例年3冊とか5冊どまりの本が、昨年は15冊以上書けました。3倍から5倍の成果が出たのです。

このときは主に、「午前中の2時間」という私のメインのプライムタイムを駆使しまし

## ●プライムタイムは2つ用意する●

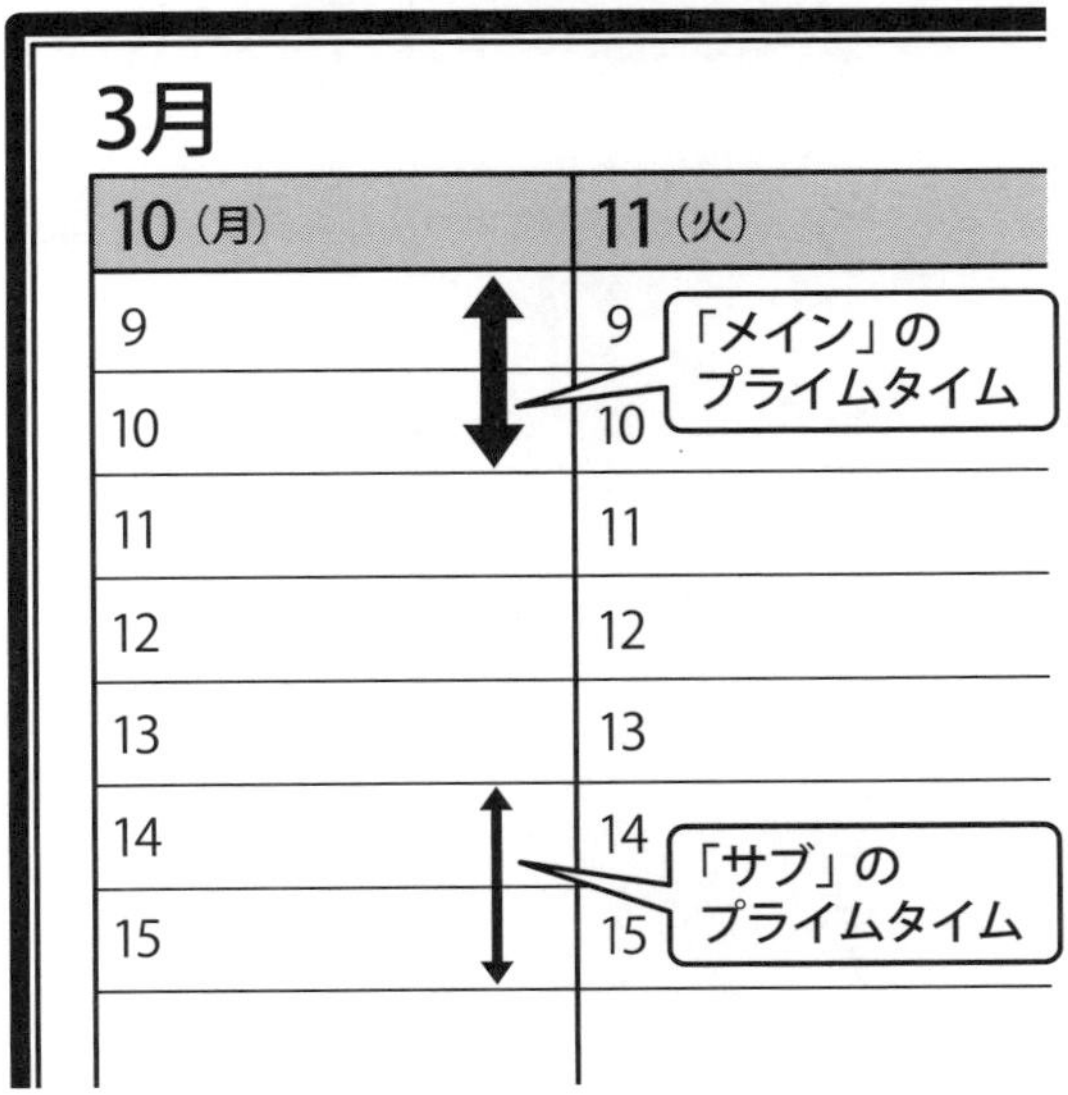


※上記のプライムタイムは例。実際には個人差がある

**「メイン」のプライムタイムが使えないときのことも考え、「サブ」も見つけておこう**

た。それも研修のない日の午前中、とかなりしぼりこみました。

私のサブは、午後です。

特に前日遅かったとか、仕事で疲れすぎたときなどは、メインのプライムタイムがあまり使えないことがあります。

そこでそんなときには、メインほどのスピードはないのですが、悪くはない結果の出せる「サブ」のプライムタイムを執筆の時間にしています。

あなたも、プライムタイムの「メイン」と「サブ」の2つを知っておくことで、どんな状況でも、プライムタイムにいい仕事をすることができるのです。

## ◉第2ステップ　プライムタイムに合わせたスケジュールの組み方

プライムタイムに「いい仕事」をしたければ、ときには「ノーという勇気」も必要です。

たとえば、「急な仕事なんだけど、明日までに頼むよ」と上司からいわれたとします。

このとき、他の仕事で手一杯だとしたら、断らないとあとで自分が困ります。

また、せっかくあなたが「このプライムタイムにいい仕事をしよう」「よし、成果を上げるぞ」と決意したときに、同じように頼まれたとしましょう。このときも、やはり「ノー」といえないと、あなたの仕事がはかどらなくなります。

ですので、コミュニケーションや話法に磨きをかけておくことも、広い意味ではタイムマネジメントにつながるのです。

スケジューリングそのものについては、次章で細かく見ていきますが、ここでは1つ、次のことを覚えておいてください。

理想は、**プライムタイムに「あなたにとって」優先度の高い重要な仕事を組む**ということです。

できればメインのプライムタイムを確保すること。難しいときは、せめてサブのプライムタイムを確保していかないと、いつまでたっても仕事のスピードが上がりませんよ。

## ◉第3ステップ　集中力を高めプライムタイムを作り出す

第2ステップまでは、いかに自分をプライムタイムに合わせせるか、いわば「受け身」の状態でした。

第3ステップは、逆に、自分に合わせて、プライムタイムを作り出すことを考えます。これは、私が今とりくんでいることでもあります。

先述したように、私は研修の仕事がオフの日の「午前中のメインのプライムタイム」、ここに集中して原稿を執筆しています。

以前は「分散型」で、空き時間になると少しずつ書くようなことをしていましたが、これはスピードアップもできないし、効率がよくないので今はやっていません。

ところが、必ずしも研修のオフの日に、「自分のしたい仕事」に集中できなくなってきました。

先日も、FMラジオの出演が、研修のオフの日の午前中に急に入ってきました。断わることもできたのでしょうが、たまたま手帳と時間について主に家庭の主婦のリスナーに話してほしい、というテーマが魅力的だったので引き受けました。その分、プライムタイムは使えなくなったわけです。

また、前日のパーティーでやや飲みすぎたとか、研修で気疲れして翌朝のスタートが遅いとか、様々な要因で午前中のプライムタイムに集中できないことも増えました。

ここで「サブ」のプライムタイムを使ってもいいのですが、私は改めて考えたのです。「プライムタイムに自分のスケジュールを合わせていくのは受け身である」と。もしも自分で「プライムタイムを作り出す」ことが可能なら、何も午前中にこだわらなくてもいいじゃないか、とそう思ったのです。

プライムタイムというのは、どんな人であっても集中力の高くなっている時間帯です。ということは、**「どんな時間帯であったとしても、自分の集中力を高めたなら、プライムタイム並みの仕事がこなせる」**となります。

私の今のテーマは、いかにして短時間で「集中する」ことができるかというものです。

今は1日の中で「よし、30分後にピークに持っていく」といったぐらいは、できるようになりました。あとは、「よし、30秒で集中のピーク」というレベルにまで達するように、工夫を重ねているところです。

プライムタイムに仕事を合わせるところからさらに進めて、自分でプライムタイムを作り出す、ここまでいければ最高です。

03

# 残業は禁止、制限時間内で勝負する

## ◉ダラダラ残業ではやる気は生まれない

あなたは、ダラダラ残業していませんか?

知人に証券会社にいる方がいて、システムトラブルなどがあると、朝9時から夕方5時まで、すべての業務がクレーム対応の電話になるといいます。そして、5時以降から自分の仕事に初めて手をつけられるため、毎日終電という日も多いのだそうです。

しかし、こんな特殊な方は別として、世の中、ダラダラ残業している人は多くいます。

あらかじめ「残業」そのものを視野に入れて、計算してのんびりと、水増しの、手抜き仕事をしているのです。

「どうせ8時半までやっていくんだから、ちょっと休もうかな」

「2時間長くいる予定だから、今はのんびりしていよう」

というような感じで、ゆっくりと仕事を始めていきます。

100ある仕事を5時にピタリと終わらせるのではなくて、7時に延ばして2時間分、手抜きでいくわけです。


これは、仕事に欠かせないやる気、意欲を持つことにつながりません。

なぜなら、手を抜いているために「私はこれだけやったんだわ」「俺はこんなにすごい！」といった、仕事の達成感がないからです。

## ◉残業のイメージを一変しよう

また、残業そのものに対する、ポジティヴなイメージの強い人も中にはいます。

そのような職場の風土というのも、残業を作り出す原因の一つです。

それは、「仕事のデキる人ほど残業をする」ということです。逆に、「お先に失礼」とやるのは、よほど暇な人間か、無能な奴、と思われる風土もあります。

まずは大きな意識改革から始めましょう。

- **仕事のデキない人ほど残業する**
- **残業が多いのは仕事のデキない人の証明**
- **仕事はサッサと終えて、ライフワークを**

つまり、「残業はよくないもの」「残業は忌むべきもの」というネガティヴなイメージに切り換えましょう。

## ◉制限時間を短くして集中力アップ

昔、武道をやっていたころの大先輩が、新格闘術というのを立ち上げました。

ここでの試合は「1ラウンド2分」でした。もしも「1ラウンド3分」だと、その中で試合の流れを考えたり、ときとして「息を抜く」ことができるのだそうです。

しかし、それが「2分」となると、初めから全力で休むことなく戦う必要があります。その必死な状況にするための、1ラウンド2分制なのでした。

さて、なぜこんな話をしたかというと、**「制限時間が短いほうが集中力が上がる」**ということがいいたかったのです。

出社してから「どうせ今日は8時くらいまで残業するのだから、のんびりやろう」というのではダメなのです。ダラダラと仕事をしてしまって、効率は上がりません。

しかし、「今日は定時で上がってみせるわ」「よし、5時まで！」と決めてしまうと、それはあなたの集中力をいやがおうでも高めてくれることになるのです。

また、これは仕事術でもあって、「短めの締め切り、納期」は、集中力向上の大きな追い風となります。ポイントは、「制限時間を短めに設ける」ことです。

04

# 退社時間は前日から決めておく

## ◉割り込み仕事は予測ができない

会社に行くと、必ずといっていいぐらいに「割り込み仕事」があるものです。

中には、システムのトラブルとかクレームといった、すぐに対処しなくてはいけない緊急の仕事もあります。

しかしこれは、当然ながら、前の日に「明日の11時から11時45分、システムトラブルが発生する」などと予測してスケジュールには書けないものです。

このような「予測のつかない割り込み仕事」が1日のうちに何回あり、それがどのくらいの時間で終わるかは予想できません。

たとえば、クレーム電話を受けたときに、「これは12分で大丈夫かな」「たぶん17分よ！」

などとはいえないでしょう。

ですから、割り込み仕事のすべてを完璧に終えて、しかも自分の仕事もすべてやろうとすると、「残業は当たり前」になりがちです。

つまり、退社時刻は、その日に会社に行ってみないとわからないというわけです。

「今日は何もトラブルがないから6時くらい」「今日はクレームが長引いたから9時」などということになれば、ストレスも高まる人もいるでしょう。

ストレスが高まりすぎると、集中力も低下し、仕事の効率も下がり、結果としてさらに残業して追いついていくという〝魔のサイクル〟になりかねません。

## ◉退社時間を自分で決めればスピードアップ

そこでお勧めなのが、「**前の晩**」に、すでにベッドに入る前から「よし、明日は定時で帰ろう」と決めてしまう方法です。

そして、翌朝出社したら、「よし、今日は定時でいくわよ！」「ガンバルゾ！　5時までに全力で終わらそう」と場合によっては声に出して、モチベーションを上げていくのです。

その上で、朝からサッサッと集中して仕事をかたづけていくと、定時退社が実現できます。

毎日、その場になってみないと「何時に帰れるのかわからない」というのでは、いつまでたっても「時間の主人公」にはなれませんよ。

前日の晩に、翌日は何時に帰るのかは決めておきましょう。

そして、次の日**出社したら、そのときにはすでに退社時間は決まっている**のがベストなのです。

なお、退社時間を遅らせる割り込み仕事への対応は、第2章でお話しします。

05

# 仕事は「80点」で見切る

## ◉見切れない人は仕事にしばられる

手帳にスケジュールを書くと、それを「絶対に動かせないもの」と誤解する人も出てきます。面白いもので、自分で作ったスケジュールに自分でしばられてしまうわけです。

このスケジュールの「時間にしばられる」だけではなくて、「仕事にしばられる」人もいます。つまり、スケジュールに書いた仕事なのだから、必ず「すべて完成」させなくてはいけないという感じに考えてしまいます。

もちろん、見切れない仕事はありますよね。

たとえば品質管理に携わる人や経理の人が「80点ぐらいでいいや」とはいえません。

あるいは、このごろ話題の個人情報を扱う仕事も、イイカゲンではすまなくて、100

％の完全さが求められるでしょう。

でも、多くの仕事はそこまで求められないものではありませんか？

「80点で見切る」というのは、「手を抜く」ことではありません。

**全力で取り組むのですが、完成度としては80％でOKとする考え方です。**

## ◉見切れる仕事の見極め方

では、どのような仕事が見切れるものでしょうか？

たとえば「社内用」の資料、会議での配布物、回覧書類の作成などは、ある程度の完成度で見切れる場合もあるでしょう。

こういった仕事に必要以上に時間をかけすぎるのは、「時間ドロボウ」といえます。

時間ドロボウは、せっかくの大切な〝あなた自身の時間〟を奪いとってしまうものです。

時間ドロボウで必要以上に時間をかけすぎている分を〝あなた本来のやるべき仕事〟にふりかえたら、仕事の効率はいいいし、成果も大きいのです。

## 80点で見切れる仕事、見切れない仕事

### 80点で見切れる仕事

- 社内用の企画書作成
- 上司に提出する日報
- 個人の仕事資料のファイリング

など

### 80点で見切れない仕事

- 個人情報に関わる仕事
- お金に関わる仕事
- 社外に提出する書類作成

など

**80点で見切れる仕事はサッサとすませ、
見切れない仕事に時間をかけよう**

あなたの仕事の中で「80点のデキ」で次に移れること、提出できるものにはどんなものがあるでしょうか？

「これ以上は、やる必要がない」
となれば、その仕事はサッと見切って、次の大切な仕事に時間をかけるようにしましょう。

ちなみに、仕事の優先順位を考えたときに、「見切れる仕事」よりも「見切れない仕事」、つまり１００％のデキが要求される仕事ほど、優先度が高いと思ってください。

一般に、優先順位は「重要度」「緊急度」があります。私はここに今の「見切り度」を加えたいのです。

**〝この仕事は見切れるのかどうか〟を、優先順位づけで迷った場合には尺度とするといい**でしょう。

06

# 仕事もプライベートも分けない

## ◉仕事もプライベートも人生の一部

昔は、タイムマネジメントの世界では、「仕事」と「プライベート」とをはっきり分けていました。

そこでアフターファイブの使い方とか、休日の使い方などが細かく説かれていました。

仕事とは別に「ライフワーク」を持つことの重要性もいわれました。

これらはあくまで、「仕事」と「プライベートライフ」は別、という考え方です。

また最近よく聞く「ワークライフバランス」という言葉にも、まだ仕事とプライベートという考えは残っています。というより、仕事とプライベートの言い方を変えただけでしょう。

時間管理コンサルタントの私としては、この「ワーク（仕事）」と「ライフ（プライベート）」は分けないというやり方を提唱しています。

つまり、プライベートも仕事も「人生」の中の一部であって、同じように時間を費やすものだということです。

ですから、私はいつも**「手帳にはプライベートも仕事も併せて記入しましょう」**といっています。といっても、就業時間中に遊べとか、試験の勉強をしていい、というわけではありません。

いくつか例を挙げてみますので、私のいわんとするところをくみとってください。

## ◉仕事にプライベートをどう混ぜるか

詳しくは第3章で述べますが、私は、5分とか10分の、ちょっとした空き時間にやれることを「ＴｏＤｏリスト」として手帳にまとめ、常に持ち歩くことをお勧めしています。

これは、1日の行動リストではなくて、あくまでもスキマ時間用に特化したものです。

スキマ時間はもともと、何もしないでいるとボーッとしてすごすとか、その辺にある週刊誌でも眺めてアッという間にすぎてしまう時間です。

しかし、リストがあると、パッと目を通してできることは、すぐにその場で処理してしまうことが可能です。

このときに、さすがにパチンコをしたりするのではプライベートすぎます。しかし、仕事で外に出たついでに本を買うとか、医者の予約をするぐらいなら、許されるプライベートの行動でしょう。

どうせボーッとしているなら、リスト化しておいてサッサとすませたほうが、使える時間はずっと増えるものです。どちらにしても、いつかはやらなくてはならず、時間もかかるわけですから。

あるいは、手帳に「7時からレディースデーの映画を観る」とか、「友人とメキシコ料理」と大きくはっきり書くこともいいのです。

「よし、定時に終えて、楽しくすごそう」

というのは、じつは仕事のモチベーションアップにもつながってくることなのです。

ですから、プライベートの予定も手帳を分けずに、どんどん記入していくことをお勧めします。こういったメリットを含め「仕事とプライベートはあえて分けない」と私は主張しているのです。

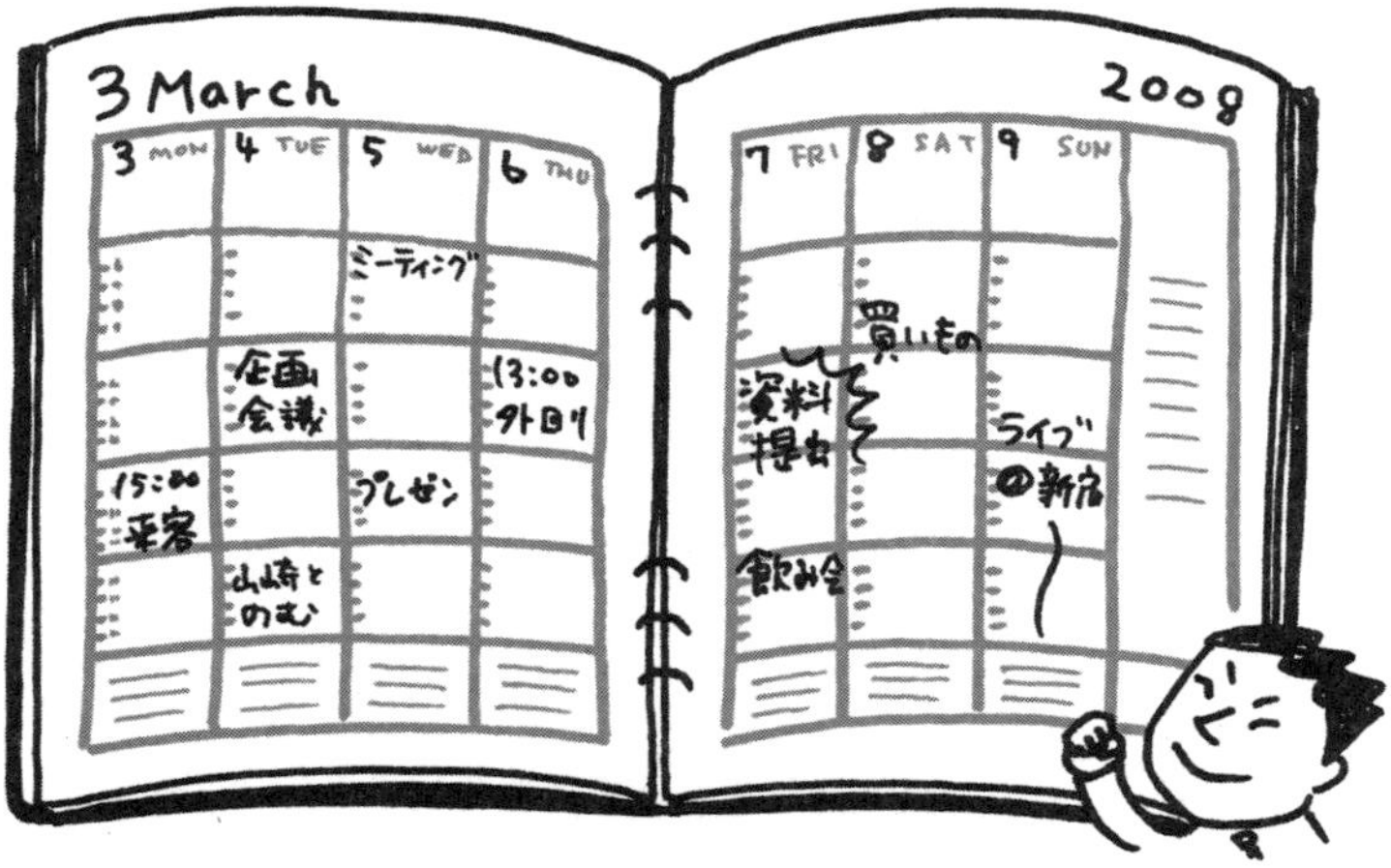


## ◉仕事とプライベートが一覧できる手帳を持つ

先日、雑誌のインタビューで、手帳の使い方について答えました。

たまたまどのような手帳がいいのかという話になったときに、私は「**仕事とプライベートとを分けないで一覧できるタイプ**があればいいですよ」と答えました。

すると、中に1つ、土日の休日も、平日と同じように時間の目盛りの入ったタイプのものがありました。

手帳の多くは、仕事とプライベートを分けるというタイプのものが多いのですが、その手帳のスケジュール欄は、土日だけ小さくなっていたり、目盛りなしではなく、平日の「仕事時」と同様に土日の欄も作られていました。

私は「サンプルに写真を出すならコレがいいですね」といったのです。

今の私のテーマは、研修の中で、どこまでが「仕事中」に許されるプライベートな行動なのかの「線引き」「基準」を作っていくことです。

幸い、年に100回ほどはタイムマネジメント研修をしていますので、そのラインを報告できる日も近いでしょう。

もちろん、会社ごとに許される範囲は違うでしょうが、それぞれの会社で、その〝基準〟さえわかれば、仕事とプライベートの融合というのは、もっと進化していけると思っています。

07

# 手帳に必要な3つのリフィル

## ◉まず必要な「スケジュール」リフィル

前項までで、時間の使い方の基本はだいぶ述べましたから、ここからはスピーディーに仕事をしていくための「手帳」について見ていきましょう。

もっとも、詳しい手帳の使い方は第2章以降で説明するので、この章では「手帳本体」についてふれる程度にしておきます。

私のスタンスとしては、まず、手帳は「脳の延長」「頭のアウトソーシング」としての位置づけです。

仕事も自社で手一杯なら、「外部」に委託するものです。

脳も、記憶力には限界があります。

すべてのアポを記憶できて、変更もすべて頭に入っているのならいいのです。

しかし、現実にはそうはいきません。手帳に書いていてさえ、ダブルブッキングや記入モレなどがあるくらいです。

まして、それをすべて書かなかったとしたら、おそらくビジネスは円滑になりません。

ですから、まず**「スケジュール」**のリフィルは欠かせないのです。

ただし、人によって「1つの仕事が完結する単位」は違います。

私は、自分が原稿を書いてから、本1冊が完成するまでの約3か月のスケジュールが一覧できるととても便利です。

しかし、2週間、1か月、2か月という見開きはあるのですが、なかなか3か月見開きというスケジュール欄はありません。究極は自分の手作りとなりますが、まずは市販のものので、多くの仕事が「月」単位でしたら1か月見開き、2週間くらいなら2週間見開きというように使い分けるといいでしょう。

いずれにしても、頭のアウトソーシング、1番目は「スケジュール」のリフィルが欠かせません。つまりは、まず「アポ」「ブッキング」が手帳の大きな役割ということです。

## ◉アイデアを一元化する「メモ」リフィル

2番目に必要なリフィルは、「**メモ**」です。

私には、ふと思いついたアイデアをメモしておかなかったために、「何だっけなぁ？」「たしかにすごいアイデアだったのに」と嘆いたことが何十回とあります。

しかも、書いておかなかったために、そのアイデアがどのくらいすごかったのかも、今はもうわかりません。

また、その場にあった紙に適当に書いて、紙そのものがなくなったことも5、6回はあります。

あるいは、レシートの裏に書いて、ワイシャツのポケットに入れてしまい、あとでクリーニングに出して判別不能というのも4、5回あったはずです。

ということで、思いつき、アイデアはいつでもメモすべきです。また、ちょっとした情報もすべて記録しておくわけです。

ポイントは、バラバラその辺にある紙にメモせずに、携帯している手帳にパッとメモしておくこと。**情報は一元化する**のが、頭のいいやり方です。

## ◉複数持ちたい「ToDoリスト」リフィル

3番目に必要なリフィル、それは「ToDoリスト」です。これも手帳には欠かせないパートです。

今、私がお勧めしているのは、複数のToDoリストを使うということです。

以前は、「その日にやるべき行動」としてのリスト、または「1週間でやるべきこと」のToDoリストのどちらかを用いて、行動管理していくといいといっていました。

しかし、今はこれとは別に、

- スキマ時間専用のToDoリスト
- ライフワーク用のToDoリスト
- 資格勉強用のToDoリスト

など用途に応じたToDoリストを持つことをお勧めします。

ただ、これも多くなりすぎると逆に不便なので、あくまでもシンプルに、多くても３つくらいのＴｏＤｏリストを使ってみましょう。

ＴｏＤｏリストは手帳の核にもなる部分なので、そのバリエーションも含めて、３章でまとめてふれます。

以上、３つのリフィル、あるいはそれに対応するページがあれば、本書の手帳術は十分に活用できます。

## 必要なのはこの3リフィル

### ①スケジュール

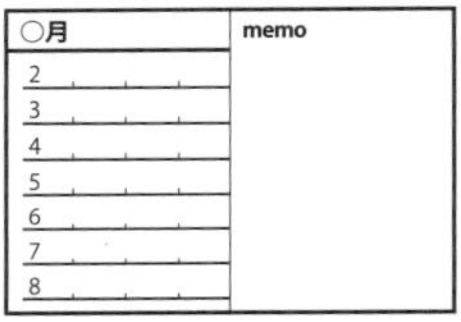


週間スケジュール（メモあり）

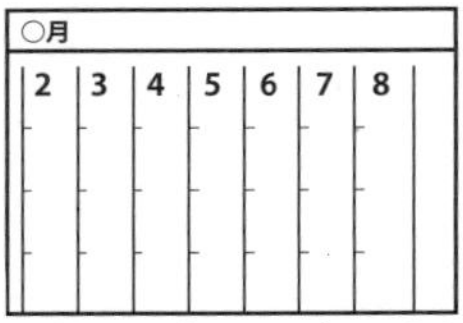


週間スケジュール（メモなし）

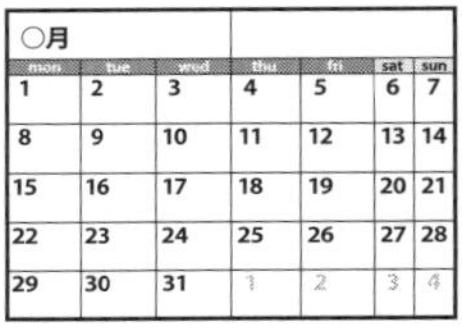


月間スケジュール（カレンダー）

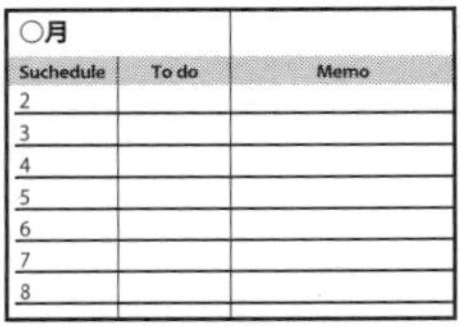


毎日のスケジュール

など…

これらのスケジュールを仕事によって使い分ける

### ②メモ

スケジュールのメモ欄や、用途により、無地、罫、方眼タイプのリフィルを使い分ける

### ③ToDoリスト

スケジュールのメモ欄以外では、文字の書きやすい罫、方眼タイプのリフィルが便利

08

# 仕事に合わせてフォームを用意する

## ◉基本リフィル以外に用意したいもの

前項で述べたように、「スケジュール」「メモ」「ＴｏＤｏリスト」の３つのリフィルが手帳の基本要素です。

これだけでも、仕事をスピードアップさせることはできます。

しかし、もしも、手帳さえあれば外出先でも「仕事」をこなせる、というレベルを目指すのなら、手帳の中身には足りないものがあります。

それは、ＴｏＤｏリストだけでない、**「仕事上の目標」「仕事のテーマ」「仕事の項目データ」**などの〝**仕事欄**〟とでもいうべきものです。

## ◉仕事に合わせた専用フォーム

たとえば私は、システム手帳に仕事の専用フォームを入れています。

これは、私の仕事の主な項目をまとめて、一覧にしたものです。

①著述（本）
②著述（雑誌、メルマガ等）
③企業内研修
④公開コース
⑤講演会
⑥テレビ、ラジオ、マスコミ
⑦情報収集
⑧その他

というフォームです。

そして、そのフォームの次のページには、その領域についての目標やＴｏＤｏリストがメモされています。

もしも、このフォームをシステム手帳に入れていませんと、それはただ思いつきでメモするようなことになってしまうでしょう。

しかし、自分の仕事の〝大枝〟といえるような領域を書いて、まとめておくことで、手帳は小さなデスクに変わるのです。

たとえば、本の企画を考えたら、その思いつきは①著述（本）のフォームにはさみこんでおきます。

雑誌のネタなら②著述（雑誌、メルマガ等）のフォームに。

あるいは、研修について、「この進め方でグループワークしてみよう」とか「新しい研修テーマを考えた」といったものはすべて③企業内研修に入れます。

最近もFMラジオ局で話したりしましたが、その関連の台本やデータは、⑥テレビ・マスコミ・ラジオのフォームにはさんでおきます。

## ●自分仕様のフォームの作り方

これはあくまでも私の例ですので、あなたも「自分の仕事」の大枝ともいうべき、ジャ

## ●フォームで仕事の「全体展望」をする●

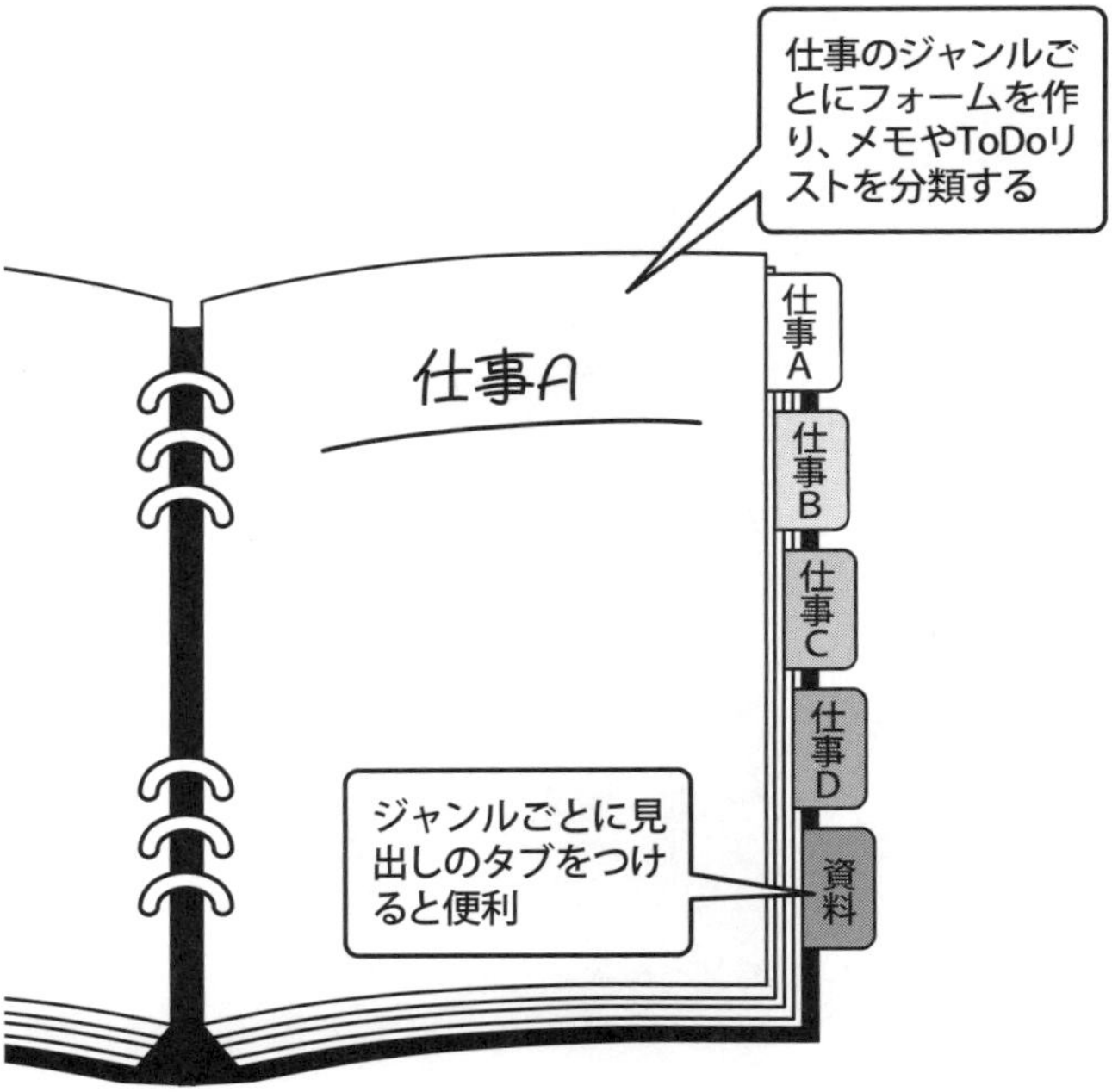
仕事のジャンルごとにフォームを作り、メモやToDoリストを分類する
仕事A
仕事A
仕事B
仕事C
仕事D
資料
ジャンルごとに見出しのタブをつけると便利

**フォームがあれば、メモやToDoリストを、仕事のジャンルで整理できる**

ンルを書き出してみてください。

あなたのやっている仕事のジャンル分けをして、それぞれのフォームを用意するわけです。こうしておくことで、仕事の「**全体展望**」ができます。

特に、「自分の仕事は何なのか」とか、「この仕事はどのジャンルに当てはまるのか」と考えるときに、このフォームが手帳にあれば便利です。

また、「自分は何をしているのかわからない」でドタバタすることも防げます。

ちなみに、このジャンルは10を超えない、のが基本です。

人間のキャパシティの問題ですが、仕事の領域が13とか15となってしまいますと、コントロールできにくくなります。ミスも必ず増えます。

オフの1日、じっくりと時間をかけて、あなたの仕事の領域を考えて、書き出してみましょう。たとえば、研究開発の方なら、

①特許
②研究の予算
③プロジェクト

などというジャンルがあるでしょう。営業の方なら、

①新規開拓
②顧客管理
③自己啓発

というように、仕事の中身によってやっていること、ジャンルは異なってきます。

今のは一例ですから、さらにあなた自身の仕事のジャンルを、最低でも7項目くらいにまとめておくようにしましょう。

このフォームを用意すれば、手帳さえあれば仕事がパッとできるものです。

もちろん、外出先なら、「これがないとできない」というような、データ、資料類も縮小コピーして、手帳にはさみこんでおくなどの工夫も必要です。

# 第1章のポイント

- ☑ 人には、一番質が高い仕事ができる時間帯「プライムタイム」がある
- ☑「プライムタイム」がいつかを知り、それに合わせてスケジュールを組む
- ☑ 集中力を高めれば、自分自身で「プライムタイム」を作り出せる
- ☑ 残業は極力せずに、「制限時間内で仕事をする」癖をつける
- ☑ 退社時間を前日に決めれば、自然と仕事のスピードも上がる
- ☑ 常に80点で見切れる仕事かどうかを考え、優先順位をつける
- ☑ 仕事もプライベートも分けずに考える
- ☑ 手帳に必要なリフィルは「スケジュール」「メモ」「ＴｏＤｏリスト」
- ☑ 手帳に専用フォームがあれば、外出先でも仕事がバリバリこなせる

# 第2章

# やりたい仕事に集中できる「スケジューリング」の極意

01

# 2つの「武器」でスケジューリングは自由自在

## ◉武器を持てば割り込み仕事に負けなくなる

自分にとって優先度が高い仕事だけする。それができればいうことはありませんが、現実は違います。

1日のうち、自分の予定に割り込んでくる仕事は、かなりあるものです。特に仕事を始めようとしたとき、乗っているときにこれらの〝邪魔〟が入ってしまうと、本来の自分のやるべき仕事に専念できないものです。

- 他部門から呼び出しの電話
- 上司からの頼まれ仕事
- 不意の来客

・クレーム対応
・緊急の用件

などなど、これらはすべてが〝邪魔〟とは言い切れませんが、少なくとも集中して仕事をしようとするときに、妨げになるのは間違いないでしょう。

これらの妨害に負けずに、集中して仕事をするためのコツはないでしょうか？

私は次の2つを用いて、あらかじめスケジュール化しておくことをお勧めします。

**・タイムロック**
**・自分アポ**

これらの「武器」の使用法については、次ページから説明していきます。

## 02

# 「タイムロック」で集中時間を確保する

### ◉社内でできる〝合法的居留守〟

「タイムロック」は、文字通り時間に鍵をかけてしまって、他から妨げられない「あなただけの集中タイム」を設けることをいいます。

もしも自宅にいて、電話にも来客にもセールスにも邪魔されたくなければ、どうしますか？　そうです。おそらく、居留守を使うでしょう。これを社内で行なうのがタイムロックです。

「今、山本は会議中です」
「田中は外出していまして…」

ということを代わりに言ってもらうメンバーの協力は、タイムロックを実行していくときには、欠かせないことです。

すなわち、日頃のコミュニケーションをよくしておくのも、その種まきになります。

また、「何時に戻るのか」は正しく伝えておくようにしてください。

「30分後には戻りますが…」

「5時ちょっと前ぐらいだと思います」

というのを伝えないと、ただの居留守、外出となってしまいます。

あいまいな伝え方は、相手の時間を奪う大きな「時間ドロボウ」という罪になりますよ。

このように、長くても30分以内に収めるのがタイムロックです。あなたのメインのプライムタイムに、**たとえ15分でもタイムロックして集中できる時間を確保できたなら、今までよりもグーンと成果が上がる**のです。

ただし、タイムロックは、職種や仕事の状況によってはしにくいこともあります。ですので、あくまでも「できる人」は、ということです。

03

# 「自分アポ」で大切な時間を予約する

## ◉相手に合わせるばかりでは振り回される

もう1つが、「自分アポ」です。

仮にあなたがスケジュールを立てていたとします。その週は火水木が空いていて、他は会議や来客でふさがっていたとしましょう。

「井上さん、今週お会いできる曜日は何曜でしょうか?」

あなたはおそらく、スケジュールの空いている、

「火水木のどこかでしたら…」

と答えるでしょう。当然ですね。すでに会議や来客でスケジュールがふさがっている日には、入れないわけです。たとえば「じゃあ火曜日で」となったとします。

さあ、他の人が再び電話してきたとしましょう。

「今週、いつがいいでしょうか？」

あなたはすでにふさがった火曜日を除いて、

「水か木でしたら」

といい、「じゃあ木曜日で」というやりとりになります。


さて、このパターンをくり返していくと、あなたが仕事ができるのは、常にすべてがふさがってしまった「余りの時間」でしかなくなってしまいます。

それも、常に相手からのアポやスケジュールが中心になりますので、いつも**「他人の予定に振り回される」**こととなります。

## ◉「自己中」だけど効率的なスケジューリング

ここで逆転の発想が必要です。最初に**「あなたの時間を十分にとってしまう」**のです。

自分が集中できる時間をあらかじめ自分でアポとりしますので、これを**「自分アポ」「自分予約」**というような言い方をします。

これは、「自己中」でいいのです。

まずは、大切なあなた自身のスケジュールを先に組んでしまいましょう。

その上で、空いたところに相手のある用件を入れていきます。

スケジュールの余りがあなたの仕事時間であってはなりません。あくまでも、あなたの仕事が先、都合のいい時間（プライムタイムなど）は自分アポでとってしまいましょう。

そんな自己中であってこそ、スピード仕事が達成されます。

ちなみに、私はプライベート優先でどんどん自分アポをとっていきます。

友人とワインを飲むのも、タイ料理を食べに行くのも、仕事とまったく変わらない「重要度」なのです。

厳しい人には怒られそうですが、私は遊びや恋人と、仕事のどちらかをとれといわれましたら、いつでも遊びや恋人をとります。そのための人生ですから。

もちろん、仕事は大切です。また、ライフワークがイコール仕事という人もいますから、軽んじているのではありません。ですが、スケジュールというとどうしても仕事偏重となりやすいので、そこはプライベートも入れた「自己中」のものでいいのです。

基本は、自分の大切にしている時間、好きな仕事、優先度の高いことからスケジュール化していきましょう。

## ● 自己中でいいから「自分アポ」をとる ●

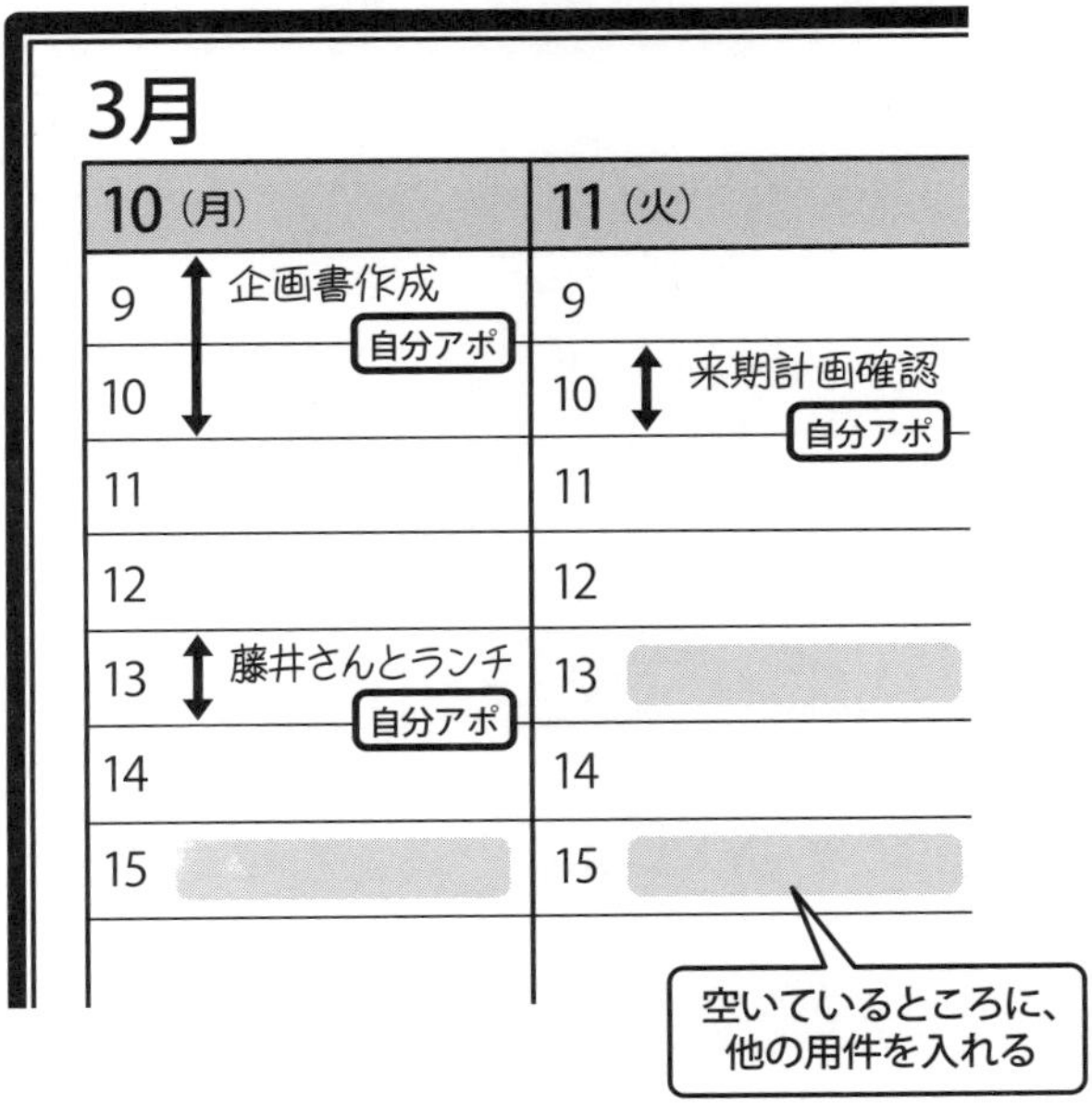


**手帳は「自分アポ」から優先的に埋めることで、大事な仕事、用件に時間を費やせる**

04

# アポをとるときには「終わりの時間」を決めておく

## ◉開始時間のみのメモは不十分

先ほどは「自分アポ」の話をしましたが、ここでは他人とのアポについて、注意点を述べましょう。

得意先に電話して、「それでは14日の午後2時ということで」とアポが決まったら、それをそのまま手帳に書いてしまいがちです。つまり、

・アポの開始時間

は、みなスケジュールに書きます。しかし、

・アポの終了時間

までは書いていないのではありませんか？

私は何回か失敗して以来、アポには、もちろんあくまでもスケジュール上ですが、「終了時刻」までもしっかり書いています。

今の例なら、午後2時スタート、2時45分終了というようにします。

## ◉切り上げ時が容易にわかる

このことのメリットはいくつかあります。

まず、「終わり」を決めているために、時間を有効に使えます。ダラダラと、不必要な世間話は切り上げて、用件を中心に効率的に進められます。

もちろん、コミュニケーションをよくするという意味では、〝ムダ話〟はムダにはなりません。

ただ、「終わりの時間」を決めたムダ話ですと、どこかで「ここで切り上げよう」という歯止めがかかりますが、何もないと本当にムダな時間にもなりかねないのです。

**「時間内に終えるにはどうしたらいいか」**と考えるからこそ、

- ポイントは3つにしぼろう
- 視覚物（グラフや図表など）をたくさん使おう

というように、能率的に伝える工夫もするものです。

初めのうちは、やや荒技ですが、終了時間に近いところで、「次のアポを入れておく」という手もあります。

こうすると、「時間内に終えないと、次のアポに行けない」となって、いいプレッシャーがかかります。

当然、ゆとりを見てスケジュール化しておくのは、いうまでもありませんが……。

## ◉所要時間の見積もり能力もアップ

もう1つのメリットは、仕事の所要時間の予測についてです。

### アポの「終了時間」を決めるメリット

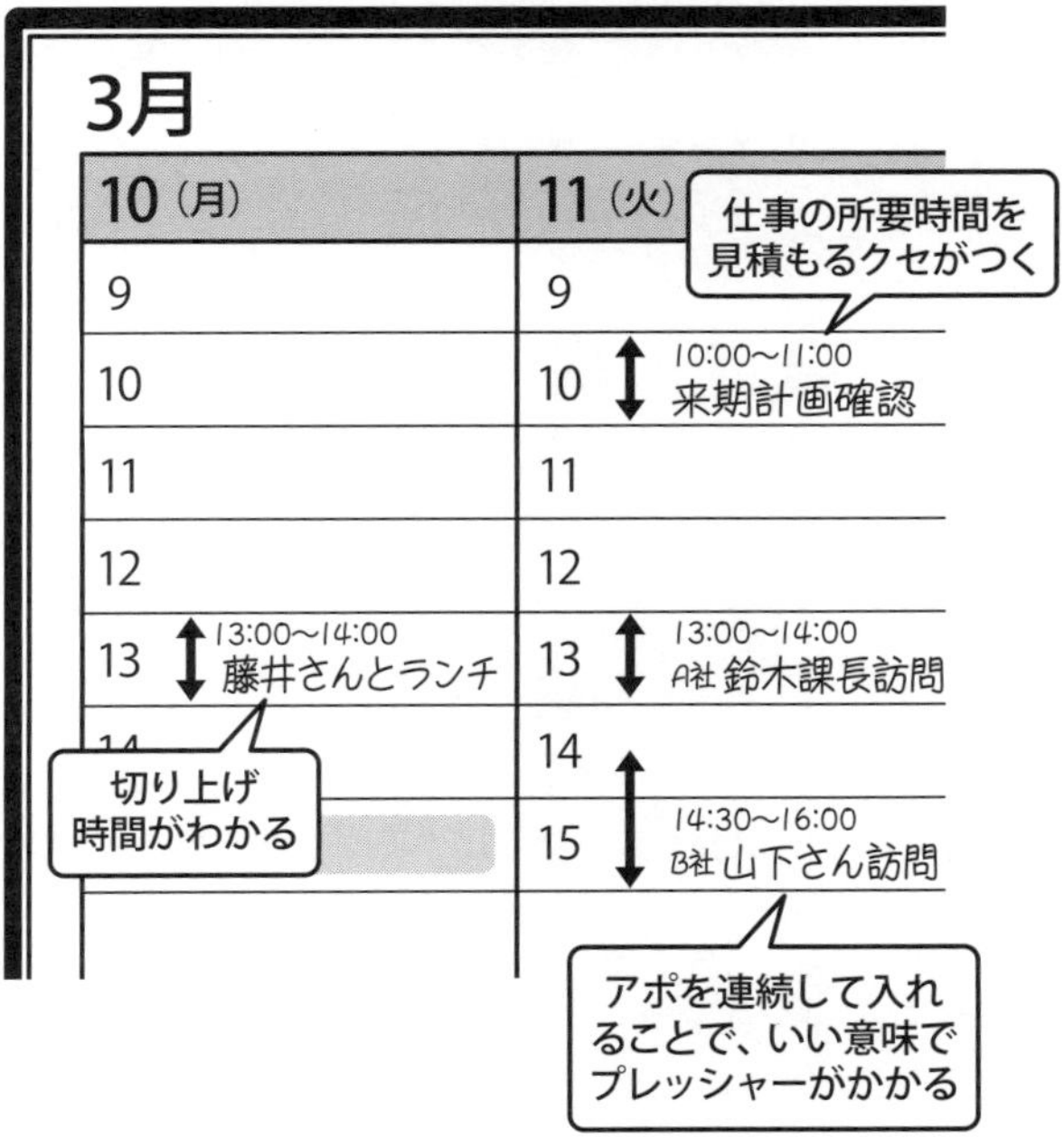


**アポの「終了時間」を決めれば、使える時間が"見える化"し、ムダがなくなる**

スケジュールを上手に立てていくことのポイントの1つに、「仕事の所要時間の見積もり」があります。

つまり、「この仕事はこのくらいの時間がかかる」という予測のことです。

もしもこれがピタッと合えば、予測と実際が重なりますので、スケジュールは正確です。

ところが、これが大きく差があったならどうなるでしょうか?

「30分くらいかな」という予測が、仮に倍の1時間だったらどうなるか。

これは、他のスケジュールすべてに、支障をきたしてしまうことになるわけです。

アポとりの際に「この仕事、打ち合わせは大体ここで終わる」と予測して、終了時刻を手帳に書くのは、この**「見積もり精度」を上げる**のに大きく役立ってくれるものです。

手帳には、アポの「開始時間」「終了時間」の2つをしっかり記しておきましょう。

05

# 「マイ締め切り」で「いつか病」とサヨナラする

## ◉かかると厄介な「いつか病」

タイムマネジメントの研修をする際、優先順位づけや、スケジュールの組み方、段取り、ＴｏＤｏリストの作成法、スキマ時間の攻略……、と様々なスキルを共に考えてもらい、私からも伝えています。

ちなみに私は、一方的に「教える」というのは、ごく一部の新入社員のケースなどを除いてはまず行なっていません。「考えてもらう」のがメインの、楽しい研修をしています。私は、どちらかというとファシリテーターとして、まとめ役に近いかもしれません。

さて、そんな中で必ず話に出るのが、タイムマネジメントのどんなスキルを用いたとしても、そこが崩れるとすべてが水の泡となってしまう〝邪魔もの〟です。

何だかわかりますか?

それは「**先延ばし癖**」です。

「いつかやろう」ということから、別名「**いつか病**」とか「**ダラダラ病**」「**そのうち病**」などともいいますが、中身は同じです。

この「いつか病」にかかりますと、「いつかそのうち」「またあとで」「明日ね」などといいながら、ただいたずらに時間がすぎます。

そして、納期直前になって連日残業、徹夜仕事となります。

休日に遊びで「オール」するのならまだ楽しいでしょうが、締め切りに間に合わずに泣く泣く徹夜というのは避けたいことでしょう。

## ◉プレッシャーをかけるのも効果はあるが……

では、どうしたら「いつか病」から抜け出せるでしょうか?

あなたのアイデアはどうですか、どうしたら「すぐやる」ことができますか。

ちなみによく研修で出るものは、次のようなものです。参考になると思います。

- 上司に広言してしまう
- 客先に広言してしまう
- 見える位置に（締め切りを）貼り出す
- できなかったときの悪いイメージを浮かべる
- できたときのいいイメージを浮かべる

どうやら**プレッシャーをかければ、「やらざるを得ない」状況に追いこまれる**ので、とにかく「手をつける」効果はあるようです。この他には、

- 自分にごほうびを出す
- 罰金を払う

などというのもあります。

これらのノウハウを組み合わせて、一番効果がある、つまり「すぐやる」のがとにかく実現できるのは「上司に広言して貼り出す」ことでしょう。

これで、仕事の先延ばしは「緊急避難」的には達成できます。

「部長、では水曜日の3時に提出します」

と広言してしまえば、プレッシャーから動くことは必至です。その上でパソコンや机の横にでも「貼り出して」見える化しておくわけです。

ところが、デメリットもあります。何でしょうか？　それは「上司にいって、自分を追いつめないとできない」というのが習慣化してしまうことです。これは困ると思いませんか？　人にいわないと、できないわけです。

## ◉「マイ締め切り」なら副作用もない

一方、習慣性、依存性がなく、しかも効果のあるのが「締め切り」です。

この締め切りの力を利用して、「納期」のある大きな仕事と同様、**どんな小さな仕事にも、あなたがマイ締め切りを作る**のです。

そしてここがポイントですが、**そのマイ締め切りを手帳に書く**のです。

やたらに先延ばしにしていた「小さな仕事」も、あなたが自分でマイ締め切りを設け

て、しかもはっきりと手帳に書きこんでしまうのです。

「レポート提出、13日午後2時」
「企画書作成、15日の退社まで」

とはっきりと手帳に書くことで、「いつかやろう」となっていた仕事に、実際に手をつけていくことが可能になります。

どんな小さな仕事であっても、マイ締め切りを作って必ず手帳に書く。このルールを守れる人が、スピード仕事を実現できるのです。

06

# 「分散型」よりも「集中型」で大仕事をする

## ◉「集中型」で仕事がドンドンはかどるワケ

スケジュールを組むにあたって、私は「**集中型**」をお勧めしています。

「集中型」というのは、あなたの重要な仕事をする時間を「まとめて一気に」とってしまうやり方です。理想としては2時間ぐらいはほしいところ。最低でも1時間は「あなただけの仕事」に集中できるスケジュールを組みたいものです。

この逆が「**分散型**」で、コマ切れの時間を集めて、足し算をしたら2時間とか3時間になるという形です。

つまり、15分を4回で1時間。8回で2時間というようにして、分散した時間で大きな仕事をしようというスケジュールです。

## ●「集中型」スケジュールと「分散型」スケジュール●

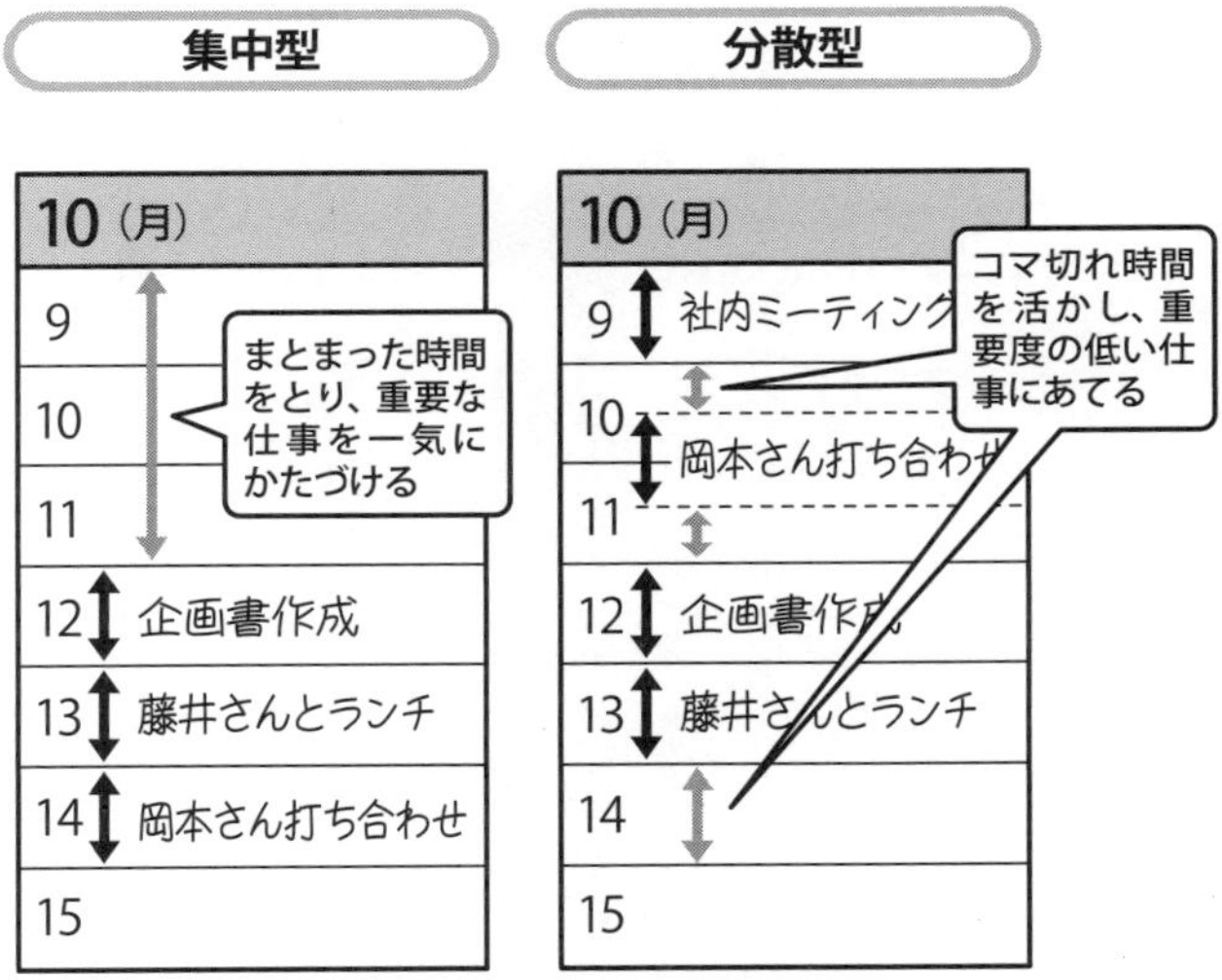


**大仕事は、「集中型」スケジュールで一気にかたづけたほうが効率がいい**

特にこれを、予測のつかないスキマ時間にやるようにして、大仕事をパーツに分けてしようという考えもあります。しかし、

**①コマ切れ時間はその場限り。15分を貯めておくことはできず、また次のコマ切れはただのパーツでしかない。**

これを忘れてはいけません。

私も以前は、重要な仕事である執筆を「コマ切れ時間」に当てていたことがあります。コマ切れ時間に、2枚、3枚と書いておいて、その時間が10回あれば30枚の原稿になるというわけです。

しかし、重要な仕事は集中して「まとまった時間」にやるべきです。

原稿にはリズム、全体の流れがあります。これを、少しずつ分けてしまうと、ツギハギの文になったりして、質は高くなりません。

タイムイズマネーといいますが、決定的に違うのは、「時間は貯められない」ということです。

**②コマ切れ時間にはそれ専用のタスクがある。したがって、重要度の低い仕事、ルーティンワークや、スケジュールチェック等の軽作業に向いている。**

つまり、あなたの大切な仕事は分散してスケジュールにしないことです。

私にとって一番大切なのは、「本の原稿を書く」ということです。これは「集中して一気に」行なうべきことなのです。この原稿も、午前中に集中して書いていますが、今は私は著述のスピードにかけては全盛期ですので、「そんなに早く書いているんですか？」というくらいのスピードで、この部分も書いています。

本書もはっきりいいますと、多くの方のイメージの10倍速で書いています。つまり、20枚の連載記事を書き終えるくらいの時間で、３００枚から４００枚を仕上げています。この辺の「早書き」は別テーマですので、他の機会に紹介します。

ここでは、スケジュールの段階で、「集中して仕事のできる時間をまとめて確保しておく」ことを覚えてください。「重要な仕事は分けないで一気にやる」のがスピード仕事のコツです。

07

# 「予定」だけでなく「イベント」も記入する

## ◉「予定」だけでは思わぬ仕事に振り回される

仕事の速い人は、スケジュールの中でも**「予定」**のみならず**「イベント」**までも、はっきりと〝見える化〟しています。

予定というのは、「月曜日の14時から16時、月例会議」とか、「A社田中さん来社11時半」というようなアポであり、自分では動かせない社内上の「拘束」でもあります。

予定は当然、「あなた」が参加することであり、あなた自身が直接に関わるものです。

たとえば、セールスマンがバイヤーに会う場合に、これは「予定」となります。あなたがいないと始まらない、あなた中心といっていいものです。

もちろん、会議のように、「あなただけ」ではないのですが、あなたも参加する「決まりごと」はあるので、これも予定に書くものです。

対してイベントというのは、直接にはあなたが参加しないものをいいます。

普通、このイベントをスケジュールには書きこむ人は、あまりいません。しかし、現実にはあなたのタイムマネジメントに関わってくるので、これも記入しておく必要があります。

たとえば、外資系の企業で「副社長来日記念パーティー」というイベントがあるとします。もちろん、これにはあなたは参加しないわけです。

普通は自分に関わらないことを、そのまま手帳に書くという人はいません。

しかし、たとえば、「山本君、悪いけどこれからパーティーに出席しなくちゃいけないんだ。A社の石川部長が来たら、代わりに打ち合わせを頼むよ」となったらどうでしょうか？

あるいは、「すまないが、タクシー会社が混んでいるらしいんで、駅まで運転してくれないか」などと、駆り出されることもなくはありません。

つまり、イベントも、あなたの周囲の人が関わってくれれば、結局「あなた」自身に関係してくることになるわけです。

特に「全社的なイベント」となると、あなたが参加しなかったとしても、どこで、どのくらいのスケールで、同じ所属のメンバーは誰が出るのかぐらいは、つかんでおきましょう。

これがしっかりつかめずに、自分の予定だけを記入していると、「割り込み」「飛び入り」の仕事に振り回されかねません。結果として、仕事は遅くなることになります。

## 08 スケジュールであえて入れるべき時間

次の3つは、スケジュールを決めるときに、あえて入れておくべき時間です。

①ブランクの時間
②考える時間
③スケジュール作成の時間

### ①ブランクの時間

スケジュールは「何か埋まっていないと不安」なものです。

私も、びっしり詰まったスケジュールを眺めて、「自分は忙しい」イコール有能、と錯覚してしまい、一人でニタニタすることさえあります。

しかし、必ずしもスケジュールが一杯なのが、「できる人」というわけではありません。

また、詰めすぎた予定は、1つズレるとトコロテン式にズレたり、余裕がなくなってバタバタした感じにもなります。


**あえて「ブランク」を意識して設ける**ことをお勧めします。そうすることで、

- 万一の緊急時に「ブランク」をあてることができる
- 心にゆとりが持てる

というメリットが生まれます。

また、前述した②③の時間を作るのも、ブランクを設けておくことで可能となります。

私自身も、「ブランク」そのものをあえて〝スケジュール化〟といいますか、意識してスケジュールに入れています。

「ここはブランクにしておこう」と空けておいた時間、これのおかげで「助かった」と思ったことが何度もありました。

## ● 意識的に「ブランク」時間をとる ●

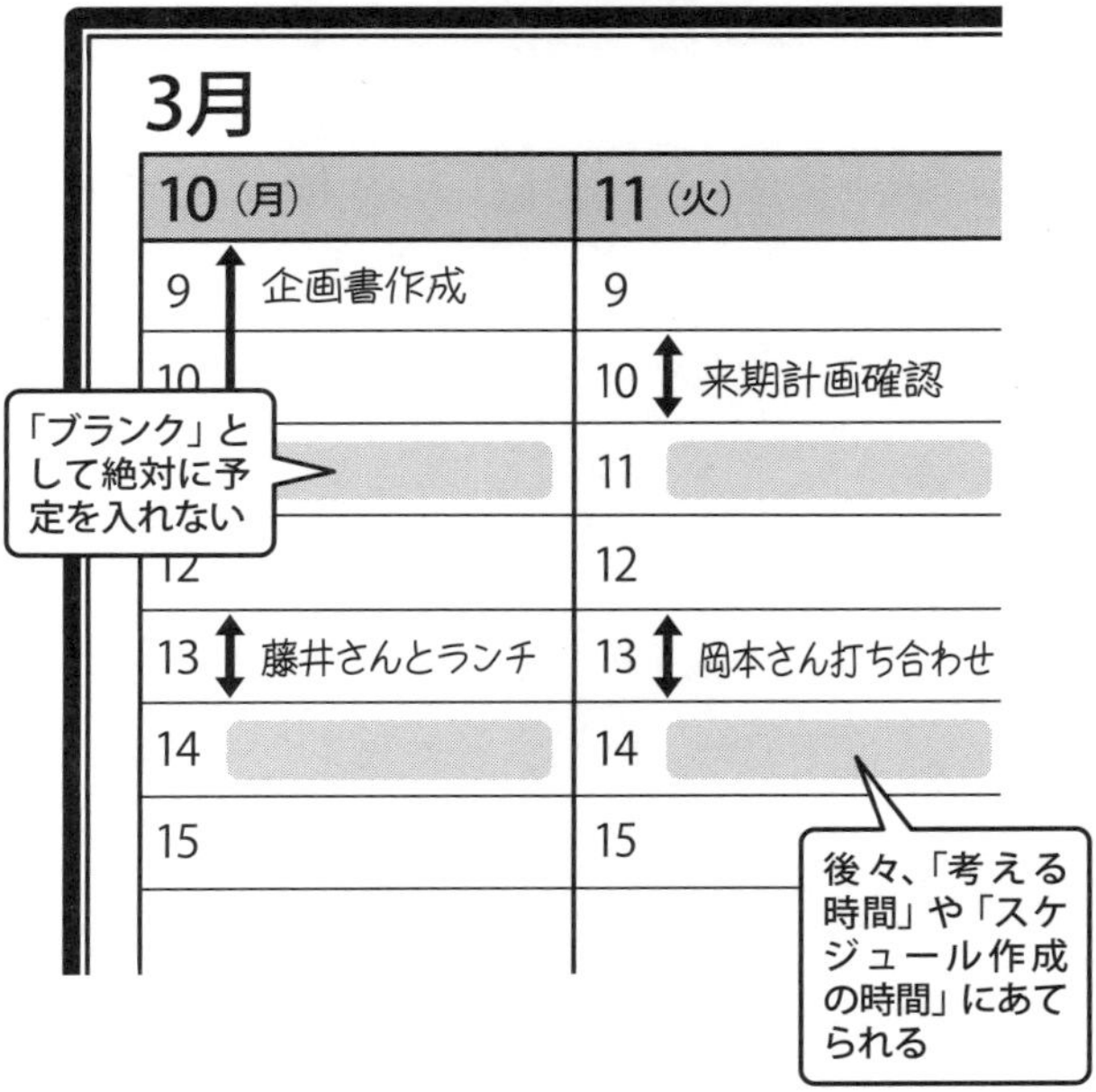


スケジュールの余裕が、
仕事と心の余裕を生む

「突発的」な頼まれ仕事とかクレームのように、「予期せぬ飛びこみ仕事」というのは誰にでもあるものでしょう。

もしも「ブランク」を上手に設けてありますと、いつでもゆとりを持って仕事ができますよ。

### ②考える時間

ブランク以外にも、まだとっておくべきスケジュール上の時間はあります。

それも「時間ができたら」、という受け身ではあまりよくないと思われる時間です。

何だかわかりますか?

それは、「考える時間」です。

これは自分の人生を考えてもいいし、仕事上のテーマ、恋人のこと、子供のこと、考えることは何でもいいのです。ただし、じっくりと腰をすえて〝考える〟のがポイントです。

私たちは、1日のうちで「悩む」ことはあっても、何かをじっくりと「考える」時間というのは少ないのではありませんか？

スケジュールの中に「ＴＨＩＮＫ」と書いた時間をあえて設けておくことです。

### ③スケジュール作成の時間

中には「忙しいからスケジュールを立ててもムダだわ」という意識の人もいます。

しかし、これはまったく逆といえるでしょう。つまり、スケジュールを立てずに、ただ来る仕事に手をつけていって、仕事に追われてしまうのです。

むしろ、この**「忙しい」は、スケジュールを立てることでなくなっていくもの**です。

私は本当に「忙しい」という経営者の方にお会いすることは多いのですが、例外なくスケジュールは立てています。

もしかしたら、スケジュールを立てないから忙しいのではないか、と問い直してみてください。

ですので、このスケジュール作成のための時間を、あえて予定に組み込んでしまいましょう。

ただ、これは仕事中にするというよりは、「夜」のほうが向いています。

前の日に翌日のスケジュールを立てる。

もちろんこれは、スケジュールのチェックでもいいのです。前の日に初めて翌日のことを考えるというのではありません。

あらかじめ、週間単位で前の週に、少なくともラフなスケジュールはできているものです。スケジュールは、前の週には立てておくべきもの、といってもいいです。

夜に落ち着いてが理想ですが、私のいうのは、1日のどの時間であったとしても、「スケジュール作成」という予定を立てておくということです。

あえて時間をかけるのは、決してムダな時間をとる「時間ドロボウ」にはなりません。むしろ、しっかりとスケジュールを立てておくことで、あとの仕事が効率よく進みます。

## ●スケジュールに組み込みたい3つの時間●

### ①ブランクの時間

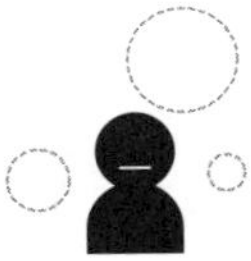

- 緊急時に、この時間を使って調整する
- あえて「空き」を設けることで、心にゆとりができる

### ②考える時間

- 普段なかなかとれない時間だからこそ、予定化する
- 考える内容は仕事でも他のことでも構わない

### ③スケジュール作成の時間

- この時間をケチるとかえって忙しくなる
- 「前日」や「前の週」に翌日・翌週以降のスケジュールを立てる

**一見必要ないように思える時間をスケジュール化することで、使える時間はもっと増える！**

09

# 1日を制すれば月間・年間スケジュールも楽勝

## ◉基本はすべて「1日」にあり

スケジューリングの上手な人は、年間とか月間という長いスパンでのスケジュールが、いきなり上手にできているというのではありません。

当然長いスパンは上手ですが、その前の「1日のスケジューリング」が上手なのです。ですので、スケジュールをうまく立てて、使える時間を最大限にしたいと思ったなら、まずは「1日のスケジュール」をしっかりと立てることから始めてみてください。

1日のスケジュールの中には、「1年」でもまったく同じように通用するタイムマネジメントのポイントが入っています。ここでは2つ挙げます。

## ①何時から何時の間が〝ブランク〟で、「自分アポ」の時間に使えるかがわかる。

これを「何月から何月」と置き換えてみたら、それが年間スケジュールのポイントをおさえていることとなるわけです。

「4、5月にイベントが集中しているので、比較的手の空いている6月に大きなプロジェクトを入れよう」

「12月は17日以降出張もないから、プライベートの予定を入れておこう」

などと、考えられます。

これは、基本はやはり「1日のスケジュール」で、「空いている自由になる時間」「忙しい時間帯」というのをチェックすることから始まるのです。

ちなみに私は、この年間スケジュールのチェックの時点で、「優先して」プライベートなスケジュールを入れています。

「えーと、10月28日から11月2日まで京都」「韓国ドラマのロケ地巡りは8月1、2、3かな」とすぐに決めてしまいます。

これも「仕事とプライベートを分けない」という発想からで、本の執筆のスケジュールも、旅行も、友人とワインを飲みに行くのも、私にとってはすべて「同次元」のことです。

タイムイズライフ、時は人生そのものであり、スケジュールは人生を充実させるために行なうのです。

## ②その日にやるべきことは何か？　ＴｏＤｏリストにリスト化してわかっている。

ＴｏＤｏリストについては詳しくは第３章で説明しますが、基本は１日完結で、その日やるべき仕事をリストアップしたものです。

この「１日」のＴｏＤｏをおさえる要領で、その「年」、その「月」にやるべきことを、はっきりさせておく必要があるというわけです。

ここで「年間のＴｏＤｏリスト」「月間のＴｏＤｏリスト」という考えが出てきます。長いスパンのＴｏＤｏリストは、限りなく目標に似てきます。

たとえば、今年中にＴＯＥＩＣで８５０点をとるというのが年間の目標とします。そのために何をするかが、年間のＴｏＤｏリストになります。

・イディオムを５００覚える
・英単語を１５００プラスして覚える
・木曜と土曜、英語学校の試験対策クラスを受ける

という感じです。

私はタイムマネジメントの専門家として、前述した「１日のＴｏＤｏリスト」以外にも、「１週間単位のＴｏＤｏリスト」「５分、10分というスキマ時間用のＴｏＤｏリスト」などのよさも提唱してきています。

そして本書で初めていうのが「年間のＴｏＤｏリスト」「月間のＴｏＤｏリスト」です。

これらを、うまく使い分けることによって、

**・年間→月間→週間→１日→スキマ時間**

というように時間の「全体展望」ができるのです。

10

# スケジューリングにふせんを活用する

## ◉予定変更もふせんでバッチリ

手帳を使う人にとって、「ふせん」は、大きな武器になります。

私は、スケジュールが決まると、ボールペンでどんどん書き込みます。あとで消しやすいという理由で、シャープペンを薦める人もいますが、私の場合は人一倍手帳のチェックが多いので、下手に鉛筆やシャープペンを使うと、こすれてしまって、判読しにくくなります。ボールペンでハッキリ書けば、こすれて見えなくなるということはないので、そうしています。

ところが、スケジュールには変更はつきもので、1回も変更なし、というのは珍しいかもしれません。

私の場合、たとえば月曜の午後4時が火曜の午後3時になると、月曜の4時には変更のマークをつけます。特に意味はないのですが、私は上向きの矢印を書いています。「↗」が私の中では、日程変更のシンボルです。

そして、火曜の3時にボールペンでアポを書き込みます。いうまでもなく終了時間も記入しておきます。


さて、すでにボールペンで書いた月曜の4時に、別のアポが入ったらどうしますか？

消した上に書き込むと、かなり見づらくなりますよね。私は2回までは見えるように上書きしますが、やはり限度があります。

そこで、「ふせん」の登場です。

まったく新しいアポとして、消した上にふせんを貼りつけて記入します。

つまり、**スケジュールの「変更用」**としてのふせんの使い方になります。上から新しいアポを貼りつけておくわけです。

また、私は手帳以外に、20年使用しているスケジュール帳を携帯しています。システム手帳は普段はカバンの中に入っているため、どうしても、小さなサイズのスケジュール帳には「書き切れない」ということも出てきます。

そこで、相手の連絡先やメンバーの名前、話のテーマなど、ちょっとしたことを追加するメモという意味で、やはりふせんをつけることも多くあります。

## ◉ふせんの色に意味を持たせる

また、ふせんはカラー化されていますので、**色に意味を持たせる**というのもいいアイデアになります。

たとえば、黄色は目にとまりやすいので、緊急の用件とか重要度の高い忘れてはならないメモなどは、この色にしています。

水色はあまり重要度は高くないのですが、先延ばししたくない仕事や用件などに貼るようにしています。

ピンクは私の場合、プライベートで人と出会うときのメモとか、会食のときによく使っています。レストランの名前や電話番号などをメモしておくわけです。

このように、ふせんの色に意味を持たせることで、見ただけで「これは黄色だから緊急」とか「ピンクだから会食か」というように、すぐにわかるわけです。

あとは、ふせんのサイズも考えましょう。基本は1テーマ1枚です。

といっても、小さなふせんはテーマどころか、電話番号を書いて一杯ということになりますが……。

大きめのふせんですと、テーマとポイントを3つぐらいは書けるかもしれません。

しかし、そのときも、

- 用件、要点のみ
- キーワードのみ

ぐらいにしておいてください。

メインはあくまでも手帳で、ふせんはさらにその「延長」であり「サブ」としての位置づけです。

「手帳に書き切れないもので大切なこと」のみ、ふせんを使うつもりでいてください。

# 第2章のポイント

- ☑ 社内で集中できる時間を確保するには「タイムロック」を使いこなす
- ☑「自己中」でいいから、スケジュールには優先的に「自分アポ」を組み込む
- ☑ アポをとるときは、開始時間・終了時間の2つを決めておく
- ☑ どんな仕事にも「マイ締め切り」を設ける習慣を
- ☑ 重要な仕事ほど、「集中型」スケジューリングで一気にこなす
- ☑ 自分に関係する可能性のある「イベント」も、スケジュールに記しておく
- ☑「ブランクの時間」「考える時間」「スケジュール作成の時間」も忘れず確保する
- ☑ 1日のスケジューリングが完璧なら、月間・年間のスケジューリングも容易
- ☑ 予定変更には、色別に意味を決めた「ふせん」で対応する

# 第3章

# 大量の仕事も確実にさばく「ToDoリスト」の使い方

01

# ＴｏＤｏリストは1日で完結させる

## ◉ＴｏＤｏリストは「1日で使い捨て」が基本

私たちは、やりかけの仕事、用事が残っているとスッキリしません。これは心理的なものですが、タイムマネジメントでも大きくものをいう、大切なおさえるべきポイントです。そういった状態を防ぐためのツールが、先述したＴｏＤｏリストです。

私がＴｏＤｏリストで特にお勧めしているのは、次の2点です。

**①1日で完結**
**②達成を〝見える化〟する**

もともとＴｏＤｏリストは、やや固定性のあるスケジュールとは異なって、寿命の短いものです。

先の章でふれた、年単位・月単位のリストは別ですが、基本のＴｏＤｏリストは、「1日のみ」で〝使い捨て〟だと思ってください。

「1日完結」は絶対です。その日のＴｏＤｏリストがすべて終わらなくても、それはその日の分として、翌日は「新しいＴｏＤｏリスト」を作成します。

残りがあるままにしておくと、どうしても「やり残し感」があって、仕事のモチベーションアップにつながらないのです。

ＴｏＤｏリストは、「やり残し」があっても、「よし、これで今日は完成！」として、翌日分は新しいリストを作ります。

「やり残し」の中には、その日のうちにやれなかったとしても、「明日はやる必要がなくなる」というものも入ってきます。それは、翌日のリストには当然入れないわけです。もしもずっと同じリストですと、そういった「もうやらなくてもいい」ものも残っています。そしてそれは、「用済み」ということで消すわけです。

しかし、やってもいないタスクを消すよりは、次の新しいリストに「書かない」ほうが、スマートでしょう（これは気分の問題かもしれませんが）。

## ◉終わったものには「○」をつける

次に、「やり終えた」というのを再確認する「見える化」です。

「×」「レ」あるいは棒線で、文そのものを上から消すやり方があります。

もちろん、「終わった」というのがわかればいいわけです。

これも個人の気分によりますが、私はマルをつけていくタイプです。

学生のころから、間違い、ダメの印がバツ印ですので、私はどうも達成したタスクにバツというのは、イメージがよくないのです。

そこで、終わると「斉藤さんに企画書提出」に**「○」印**をつけます。

ＴｏＤｏリストが、１つのタスクを終えるたびに「○」が目に入ってきます。

それを見て、「今日はこんなにマルが多い」というのは、気分がいいし、マルをつけるのが楽しみにもなります。

## 松本式・ToDoリストの使い方

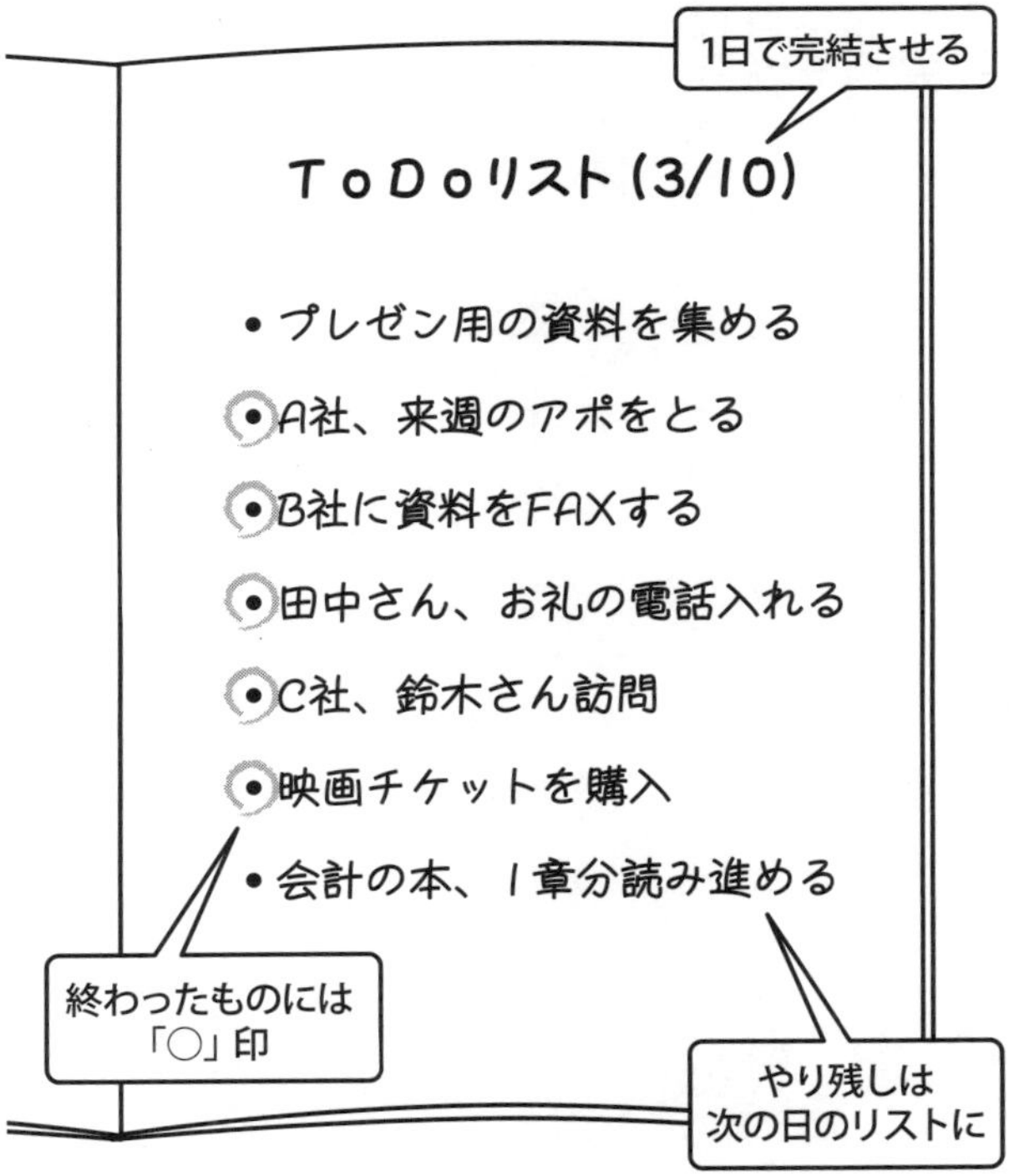
1日で完結させる
ToDoリスト（3/10）
・プレゼン用の資料を集める
・A社、来週のアポをとる
・B社に資料をFAXする
・田中さん、お礼の電話入れる
・C社、鈴木さん訪問
・映画チケットを購入
・会計の本、1章分読み進める
終わったものには「○」印
やり残しは次の日のリストに

**ToDoリストはやるべき仕事を洗い出し、達成感を味わうためのツール**

人によって、仕事のスタイルが違います。1つひとつの仕事の完結する「長さ」が異なります。

ですので、何もすべての人が「1日完結型」のリストを持てとはいいません。多くが1週間単位の仕事なら、「週単位完結型」でもいいのです。3日型でもいいわけです。

ただ、あまり「持ち越し」感は出したくないので、なるべく短く、新しく、見える化していってください。

なお、ToDoリストには、あまり細かな作業は書かないのもルールです。

「パソコンを立ち上げる」→マル。

「コーヒーを入れる」→マル。

などとはしないわけです。

中には、細かく書きすぎて、「ToDoリストを書くのは面倒」という人がいますが、これは、細かすぎるのが原因です。

初めは、たとえ3項目でもいいのです。

「その日にやるべきこと」はリスト化する習慣をつけましょう。

02

# 1日で終わるＴｏＤｏリストの表現法

## ◉仕事を「行動レベル」に落とし込んで記入する

では、翌日に持ち越しにくい、１日で終えるようなＴｏＤｏリストの〝書き方〟について、考えてみましょう。

えっ、じゃあ1日で終わりにくい書き方があるのか？　と思うでしょうが、そういうあまりよくない書き方もあるのです。ＴｏＤｏリストのポイントは、

### ・行動レベルに落とし込むこと

これに尽きます。

そうしないと、必ずといっていいくらいに翌日以降に持ち越すことになります。

たとえば、私の場合、「S社　本の企画」とやると、もともと企画そのものがどこまでの範囲かはっきりしないので、下手すると何日もリストに残ることになるわけです。

しかし、こうするとどうでしょうか？

「S社、本のタイトル案を3つ出す」

おそらくこれなら、1日でできそうなレベルになるでしょう。

「6章分の章のタイトルを書く」

というようにしても同じです。タイトル部分のみを、その日のうちに考えたらいいのです。あるいは、

「3章の目次、項目を10個出す」

としても同様です。これで「その日のうちにできそうな行動レベル」となるわけです。

このやり方を、あなたのタスクにあてはめて考えてみてください。

「B地区　2軒訪問」とか、「部長の依頼、レポート1枚分書く」というように、「**その日の行動レベルにする**」のがポイントです。

今の例でも、「B地区開拓」とか、「部長のレポート」とだけにしておくと、持ち越す可能性が出てしまいます。

## ● ToDoを「行動レベル」に落とし込もう ●

| 仕事・用事全体 | | 行動レベル |
|---|---|---|
| 企画書を書く | ➡ | 企画書用に売上データを調べる |
| プレゼンを準備する | ➡ | パワーポイント資料をチェック |
| 営業のアポをとる | ➡ | リストの1ページ分電話をかける |
| 資格試験の勉強をする | ➡ | 参考書10ページ分の問題を解く |

**「行動レベル」に落とし込むポイント**

①数字を入れる（1枚、2人、3社…）
②動詞を入れる（書く、会う、送る…）

**「数字」「動詞」を入れて、大きな仕事・用事を「行動レベル」に細分化する**

## ◉カギは「数字」と「動詞」

タスクを確実に行動レベルに落とし込むためには、次の2つのポイントを守るといいでしょう。

①数字を入れる
②動詞を入れる

この2点を心がけると、行動レベルになります。

単に「企画書」ではなくて、「2項目出す」とか「タイトルを3つ考える」というようにしていくことで、かなりその日に「達成しやすい」ものとなっていくわけです。

## ◉上級者のリストの書き方とは？

ToDoリストのタスクは、最初は「達成感を味わう」ために、やさしい内容のほうがいいのです。先述した「○」印が増えますから。

たとえば、「本のタイトル案3つ出す」ならいいでしょう。

しかし、私の場合は、ここに「本当にやりとげた」というくらいの、さらに「大きな達成感」までをToDoリスト化しています。

これは〝応用編〟と思ってください。

要は、数字を増やすのです。**ノルマを上げることによって「よし、やり終えた！」という感じが強く持てます。**

最初はやさしく、慣れたら難易度を上げましょう。

先の例なら「本のタイトル案20出す」となると、やや厄介な数となります。

このくらいの挑戦しがいのある内容にすることで、ToDoリストでさらにやる気が高まり、前向きに仕事に取り組めるようになるものです。

では、もしも今の例で、アイデアが15で終わったとします。そのときに「もうダメだ」とはならないのです。

「次は必ずやりとげる」という意欲につながります。

私はこのとき、やや反則技ですが、「がんばったな」と自分を励ます意味で「○」印をつけます。

つまり、ToDoリストは「1日完結」ですので、**自分流でモチベーションが上がれば「よし」とする**のです。

あまり乱発はよくないのですが、がんばったときには「8割完成でもマル」程度のことは許されるのではありませんか。

これはその人のポリシーに関係しますが、私は「少しでも達成しなかったから消さない」というよりは、「がんばったから消す」「達成したのも同然」でいいと思っています。

要は、長続きして、達成感を持ちやる気を上げるというのが〝目的〟です。チェックするのは、あくまで手段だと思いましょう。

# 03 ToDoリスト作成はいつ行なうか？

## ◉「なぜ」を探れば、いつ書くかがわかる

それでは、ToDoリスト作成は、いつ行なうべきでしょうか？

「その日にやることだから、その日の朝イチでいいのではないですか？」という人がいますが、これではダメです。当日の朝では「遅すぎる」のです。

タイムマネジメントを研究していてわかるのは、常に「先手」をとった人が、スピード仕事を成しとげるということです。

タイムマネジメントのスキルすべてにおいていえますが、「なぜ」それが必要なのか、一度考えてみてください。

「いつ」1日のToDoリストを書くか、これも「なぜ？」から考えてみましょう。

なぜ、1日のＴｏＤｏリストを使うのでしょう。

「1日のやるべき仕事をはっきりさせるため」「一覧にしておくと、優先度がわかりやすい」そして、「スピード仕事が可能になる」というのが大きな理由です。

**ＴｏＤｏリストがあれば、出社してすぐ仕事にとりかかることができます。**

つまり、「いつ」作成するのかは、おわかりでしょう。「**前の日**」です。

日中に作成してしまうと、さらに夕方から新しい翌日の仕事が発生することもあります。ですので、私のお勧めは、

**①退社間際**
**②夜眠る前**

の2つの時間帯です。

退社間際であれば、おそらくストレス度も高く、「残業しようかどうしようか」迷っていたり、1日の疲労もあって、あまり落ち着きのない時間帯です。

しかし、ここであえてじっくりと腰をすえて、「明日のやるべきことは何か？」と心を落ち着けるのは、1日の終わり方として、とてもいいことです。

ちなみに、1日の終わりに、「翌朝すぐ仕事にとりかかれるように」机の上を30秒だけかけてかたづけておくのもお勧めです。

1日の仕事の終わりに、「ゆっくりと心をしずめて明日のＴｏＤｏリストを作る」。そして「机の整理」をして帰りましょう。

こうすることで、翌朝は、フルスピードで仕事にとりかかれるものです。

もう1つの時間帯は夜寝る前です。これは、翌日のシミュレーションを寝床の中で行なうようにして、ＴｏＤｏリストを埋めていきます。

「えーと、午前中は、午後の会議の資料用のデータ集め。それから、製造と打ち合わせるためのラフなシナリオ作りをして……」

「午後は先週からやっていなかったファイルの整理もしなくちゃ、そうそう部長に出す企画書にも手を入れとこう……」

考えながらＴｏＤｏリストに書いていくことで、前日の晩に、翌日の仕事の全体の流れがつかめます。

もちろん、「時間順」に考えなくても、「重要なこと」を思いつくままにＴｏＤｏリストに書きこんでいってもまったく構いません。

大切なのはリストにして「見える化」しておくことです。

## ◉ＴｏＤｏリストの暗示効果

夜眠る前は、あまりロジカルに考えるのには疲れていて、「**暗示効果**」の高い時間帯でもあります。

そこで、自分の夢や目標を唱えておくことも、やってみる価値はあります。

ここでのポイントは「**断定してしまう**」ことにあります。

- 私は必ずＴＯＥＩＣで８００点をとる！
- 売上20％増を必ず達成する！
- 必ず歌手になる！

（これは、アンジェラ・アキさんが本当に書き出していたそうです）

なりたいというような希望ではなくて、断定してしまうことで、それがあなたの自信にもつながるのです。

たとえばプレゼンテーションで、

「必ず売上15％アップにつながります！　よろしくお願いします」

というのと、

「たぶん大丈夫だとは思います。何とか15％はアップできると考えていて、しかし……」

とやるのとでは、どちらが周囲の人に〝自信〟を感じさせるでしょうか？

もちろん断定形の言い方です。

わかりやすくいうと「思います」「考えます」をとってしまうわけです。


たしかにプレゼンはあなたの考え、意見を述べる場ではあります。

しかし、そこで正直に「思います」「可能性もなくはありません」などといっていては、自信のある響きとはなりません。

他人を説得したいのなら、まずは「自分を説得する」つもりで自信のある言い方をしてください。

あなたも一度、ＴｏＤｏリストを作成しながら、「明日は必ず契約をとる！」「明日はいい1日になる！」というようにしてみてください。

翌朝、なぜか自信がみなぎっているのがわかるでしょう。

私は20代のときに、フランスの医師エミール・クーエの作った自己暗示の言葉を毎日唱えていました。

「Day by day, in everyway, I'm getting better and better.（私は日々にあらゆる面でますますよくなっていく）」

この暗示語は万能です。なにしろ「あらゆる面で」なのですから。弱い性格の人も、あがり症の人も、体力に自信のない人も、能力のなさに嘆く人も、すべて「よくなっていく」と信じられるようになります。


ここで再びくり返しますが、タイムマネジメントのスキルを使うときに、「なぜこのスキルを使うのか」ということは常に考えてみましょう。

その意識があると、ずいぶん「見えてくる」ものがありますよ。

また、そのスキルそのものを目的にしてしまうようなことも防げます。

# 04 ＴｏＤｏリストの項目の優先順位のつけ方

## ◉項目が少なければ自然に順位は決まる

ＴｏＤｏリストは、その日１日の「行動リスト」「やるべきこと」のリストだというのは、先述した通りですが、ここで疑問を出す人もいます。

「ＴｏＤｏリストの項目には、優先順位をつけなくていいのですか？」というものです。

たしかに、１日の中で仕事に「優先順位」をつけて行なわないと、１日が終わったときに「モレ」が出るでしょうし、翌日のスケジュールを組みにくいでしょう。

では、ＴｏＤｏリストの項目ではどうでしょうか？

これには、ＴｏＤｏリストの「項目数」が関わってきます。

もしも、**ToDoリストそのものの項目が少なければ、あえて優先順位をつけることもないでしょう。**３つ、４つでしたら、一目で「これから手をつけよう」「これが大事ね」ということはわかります。

問題は、項目の数が10とか15になったときに、パッと見ただけでは、どれが大事か、どちらが重要か緊急かというのは、わからないものです。

そこで、「**項目数は10以下にする**」ように心がけてください。理想としては７つくらいにしぼりこみます。

そうすると、あえて「優先順位をつけるための時間」をほとんどとらなくてすみます。シンプルなほうが、行動しやすいものです。

## ◉それでも順位をつけるときは……

ですが、どうしても仕事の内容から、ToDoリストの項目が15や20になるという人もいるかもしれません。

もしも、それでやろうとするなら、なるべくシンプルにを原則として、**Aランク**と**Bランク、２つぐらいに分けたらいい**でしょう。

優先度のより高そうなもの、1日の先にしておくべきことをAランク。それらに対するサブの位置づけで、そのあと、もしも時間があればすることをBランク。

この2つのグループ分けをしておけば、Aランクの中では、ほとんど優先度がつけられます。

Bランクの中でも、パッと見でわかるものです。

結局はAランク7項目、Bランク7項目、このくらいにおさえるのが、優先度をつかむコツなのです。

05

# スキマ時間専用のＴｏＤｏリストを持つ

## ◉リストがあればムダな時間はなくなる

ＴｏＤｏリストの基本は、「１日完結」。ただ、仕事のスパンに合わせて、

・年間のＴｏＤｏリスト
・週間のＴｏＤｏリスト
・月間のＴｏＤｏリスト

というように使い分けをしていくことを私がお勧めしているのは、先述した通りです。
これらを含めた〝目的別〟のＴｏＤｏリストについては、次項以降で詳しく述べます。
ここでは、目的別の中でも、１日完結型に加えて、ぜひとも別に持っていたいリストを

ご紹介しましょう。
それが、「**スキマ時間専用リスト**」です。

これは「1日完結」ということではなくて、ちょっとした待ち時間、渋滞、電車のトラブルなどでポカッと空いた時間にやるべきことのリストです。

英語では「TIME HOLES（時間の穴）」と呼ばれるような、スキマ時間に何をしていますか？　何をしたら、時間を有効に使うことができるでしょうか？

一番いけないのは、無目的にボーッとしてしまうことです。計画的に、瞑想の時間にあてるようなことをリスト化していたなら別として、何もしないのは時間が生きてきません。

では、居眠り？　どんな人にも、やがては目の覚めない眠りがやってきます。スキマ時間に、うとうとしている場合ではありません。

起きているからには何かしませんか？

スキマ時間の多くは、「自分ではコントロールできない」ものです。仮に客先で、「すみません、課長は会議が長引いていまして、10分ほどお待ちください」

といわれて、「いや待てない、早くしろ！」などとはいえません。

あるいは、車両故障で電車がストップしてしまったとして、その場で、「故障するな！」と怒鳴ってみたところで始まらないでしょう。

これら自分ではコントロールできない時間は、必ず1日に何回かは生じるものです。

そのため、**スキマ時間にできることは、あらかじめリスト化しておく**わけです。

そして、必ず「**必要な備品は携帯しておく**」ことも欠かせません。

「研修参加者名簿のチェック」

と仮にＴｏＤｏリストに書いていても、名簿そのものがなければ、チェックのしようがありません。

参考書、書類、データ、本など、あらかじめ持っておくことによって、いざ、スキマ時間ができたときに、サッと行動に移すことができるわけです。

## ◉スキマ時間を防ぐ方法

状況によっては、スキマ時間を作ること自体を防げる場合もあります。

中でも、「自分で作り出すスキマ時間」というのは、極力避けねばなりません。

たとえば、電話をして、相手がつかまらなかったとき、

「では、折り返し連絡をもらえるよう伝えてください」

というのはいけません。その間待たなくてはなりませんし、いつかかってくるのかわからないでしょう。

「電話のあったことを伝えてください」

もNGです。こういうときは、

**①用件は伝えること**
**②自分から何時にかけるか伝えること**

で主導権をもって、スキマ時間を封じこめます。

「S商事の納品の件について、30分後にこちらからかけ直します」

とか、

「S商事の件でと伝えてください。2時から3時の間は社内におりますので、連絡いただくようお願いいたします」

といって、その間〝中断してもいい仕事〟をしていれば、時間は有効に使えるでしょう。

# 06

# 仕事の優先順位リストを用意する

## ◉「ToDo」だけでは完全とはいえない

ToDoリストは、「行動レベル」に落とし込んだものであるというのは、くり返し述べてきましたよね。

私の場合でしたら、「編集者に企画書提出」ではなくて、「タイトルを3つ考える」「項目を10出す」という類です。

では、今の「企画書提出」のような、行動レベルよりも「上」の、仕事の目標のようなもの。これはToDoリストにはしないで放っておいてもいいのでしょうか?

これも、「**仕事の優先順位リスト**」として持っておく必要があります。

これをToDoリストと呼ぶこともあるようですが、私はあくまでも「行動レベル」のものをToDoリストとしたいのです。

もしもToDoリストを用いない人は、その上のレベルにある「仕事の優先順位リスト」だけでも、必ず作成しておきましょう。


「10時から11時半、S社で新商品のプレゼン」

こういう用件ならば、通常のToDoリストと重なるかもしれません。

「課長に企画案提出」

「B地区営業のローラー作戦」

このあたりの項目は「仕事」としていいでしょう。


「仕事」はもともと、「行動のパーツ」が積み重なったものです。

ですので、あまり行動レベルで細分化されていない「仕事」レベルのリストを、ぜひ「週間単位」で持つようにしてください。

このリストがあったなら、ToDoリストは場合によっては持たない、こともあるわけです。ただし、どちらか1つは必ず持ってください。

## ● 仕事の優先順位リストの位置づけ ●

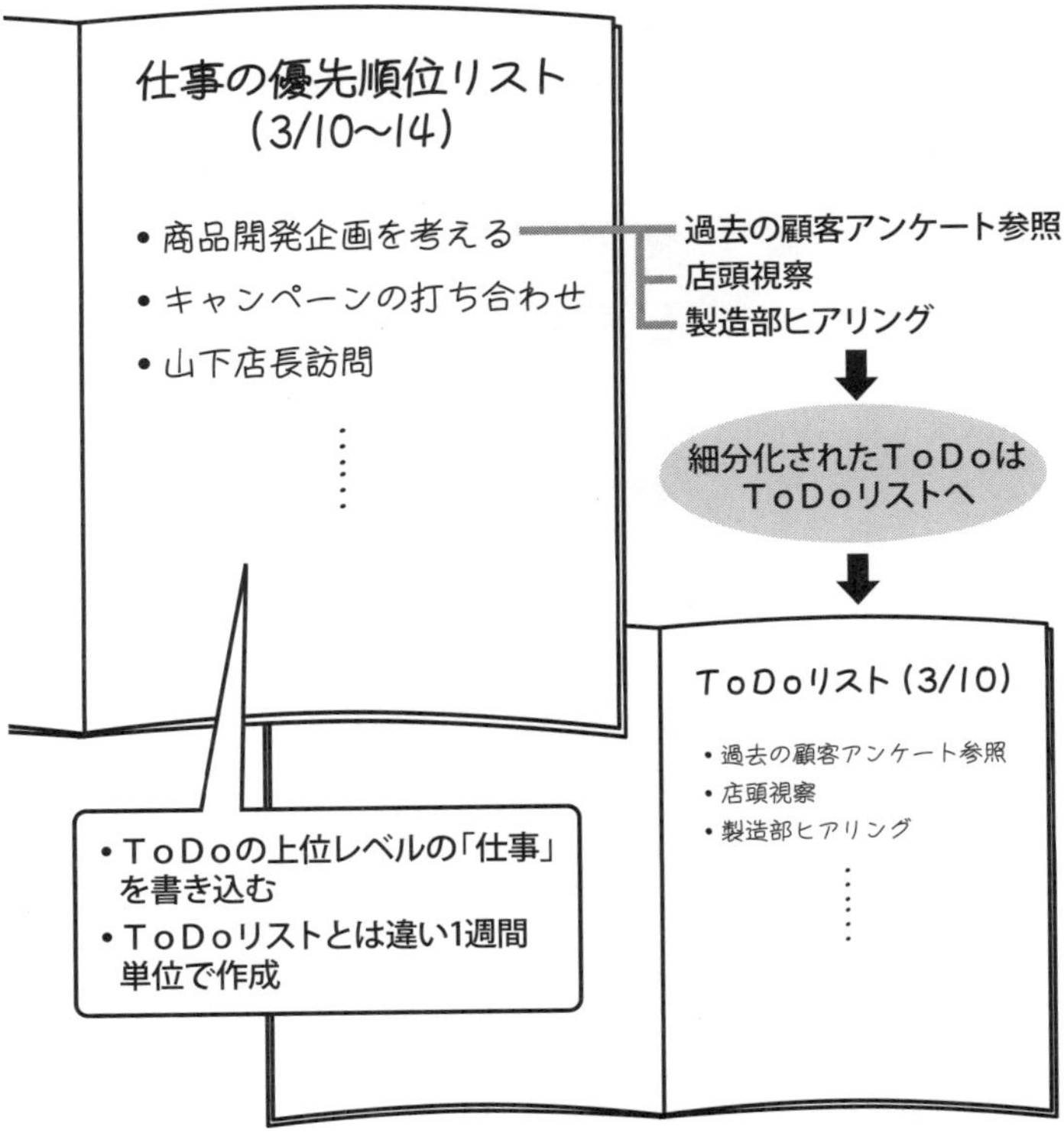
仕事の優先順位リスト
(3/10〜14)
• 商品開発企画を考える
• キャンペーンの打ち合わせ
• 山下店長訪問
過去の顧客アンケート参照
店頭視察
製造部ヒアリング
細分化されたToDoは
ToDoリストへ
ToDoリスト(3/10)
• 過去の顧客アンケート参照
• 店頭視察
• 製造部ヒアリング
• ToDoの上位レベルの「仕事」を書き込む
• ToDoリストとは違い1週間単位で作成

**仕事の優先順位リストを細分化し、**
**1日単位に落とし込んだものが、TODoリスト**

07

# 目的別のToDoリストを持つ

## ◉夢、目標も「行動」に落とし込もう

ToDoリストは、くり返しているように「1日完結」が基本であり、1日のやるべきことを書いておくわけです。

ただ、**何らかの「夢」「目標」のある人は、それをToDoリストに書くといいでしょう。**

私は以前、「韓国ドラマを字幕なしで理解する」のを目標に、勉強にとりくんでいました。

これは今も勉強を続けているのですが、当時やっていたのが「韓国ドラママスター用」のToDoリストでした。

つまり、韓国ドラマを字幕なしで理解して見るために必要な「やるべきこと」を、リスト化したものです。

たとえば、

「『悲しき恋歌』の12話を通して見る」

とか、

「感情表現に関わる単語を5語覚える」

「語尾の変化を3つ身につける」

というように、「その日」単位の勉強用のＴｏＤｏリストを使っていました。

これは、あなたのライフワークにおきかえてみても、まったく同じことがいえます。

たとえば、

- ダイエット用
- 資格試験合格用
- 彼氏獲得用
- 小説執筆用

というように、目的別にＴｏＤｏリストにして、手帳に書くことです。

## ◉ノートを別に持つウラ技も

ですので、「リフィル」が自由に追加できるシステム手帳が、形としてはお勧めです。

もちろん「長年使っている」ということも重要で、そうでない形であってもまったく構いません。

この場合、

- ノート欄が充実していること
- 土日のスケジュールも、平日と同じように時間が細かく載っていること
- 手になじんでいること
- 使いやすい感じのすること

などを重視しましょう。

通常の手帳のノート欄は、ＴｏＤｏリストを何種類か作ると、すぐに一杯になってしまいます。

## ●目的別ToDoリストの例●

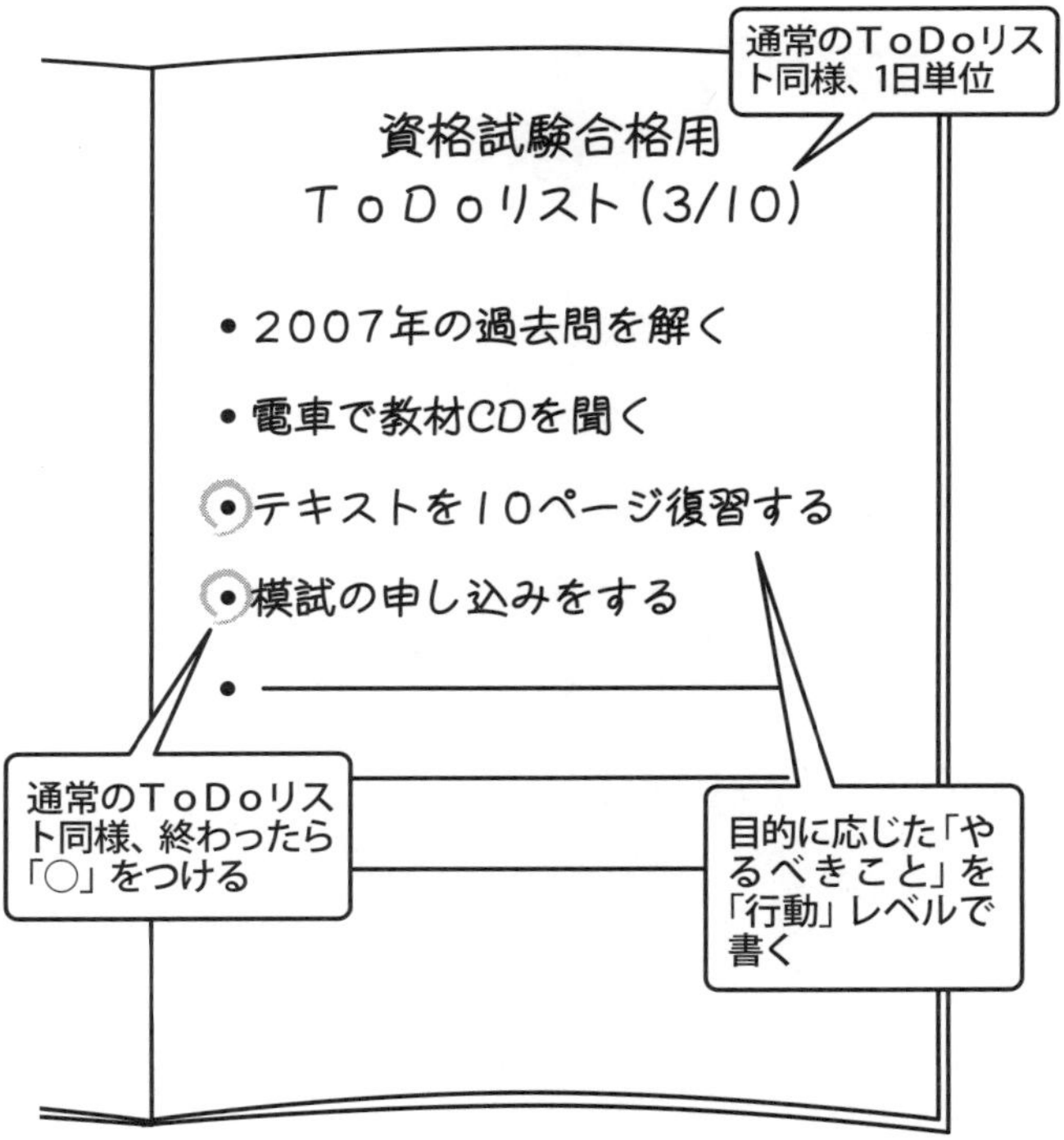
通常のToDoリスト同様、1日単位
資格試験合格用
ToDoリスト（3/10）
・2007年の過去問を解く
・電車で教材CDを聞く
・テキストを10ページ復習する
・模試の申し込みをする
通常のToDoリスト同様、終わったら「○」をつける
目的に応じた「やるべきこと」を「行動」レベルで書く

**どんな目標も、**
**ToDoリストに落とし込めば実現する**

場合によっては、「情報の一元化」に外れますが、**ＴｏＤｏリストを１冊のノートにしてしまう**という手もありでしょう。

私は以前「夢実現ノート」と名づけて、欲しい車の写真を貼ったり、女優さんの写真を貼ったり、楽しいノートにしていました。

さすがにその女優さんに出会うことはなかったのですが、今考えると赤面もののことをまじめにやっていたと思います（20年以上前のことですが）。

ただ、「書けば実現する」ということは、かなりの確率であるものです。

ですので、夢を手帳のＴｏＤｏリストに書くのもお勧めです。

## 08

# 連絡に特化したToDoリストを持つ

### ◉大事な連絡を忘れないために……

メールやFAX、電話等で「連絡すべき人」をリスト化しておくと、とても助かります。

もちろんこれは〝アドレス帳〟ではありません。

ToDoリスト、つまり「その日に連絡すべき人」であり、週間の場合なら「その週に連絡すべき人」ということです。

これも通常のToDoリスト同様、連絡すべき人を、

・年間→月間→週間→1日→スキマ時間

と「全体展望」できるようにするわけです。

ただし、注意したいのは、ＴｏＤｏリストは「作りすぎない」ことです。目的別のＴｏＤｏリストを10も20も持っていては、自分でコントロールしきれなくなります。

私自身がよく使うのは、「その月に会うべき編集者の方々のリスト」です。すでに進行中の本の担当者もいらっしゃいますし、新しい企画のために会う編集者、あるいは、長いおつき合いの方とのコミュニケーションを深めるためなど、様々です。平均して、毎月10人以上の編集の方とお会いしますので、やはり「リスト化」しておくことは私にとって欠かせないものです。

あなたも、リスト化が必要な「連絡すべき人」「企業」などのリストを作ってみてください。

たとえば、

・優先的にメールすべき企業リスト
・直接電話すべき人リスト
・今週中に会うべき人リスト
・今週中にメールの返信をもらうべき人リスト

というように「連絡」がらみで、リスト化してしまうのです。

もちろん、あくまでも「よく使うリスト」という前提です。

これも広義の「目的別」のＴｏＤｏリストといえるでしょう。

# 09 楽しい遊びのＴｏＤｏリストを持つ

## ◉リストは仕事用とは限らない

私がいつも「楽しみ」にしているＴｏＤｏリストがあります。
それは**「遊び」のＴｏＤｏリスト**です。これはいくつものテーマがあって、

・旅行
・食事
・お酒
・デート
・遊園地
・クルージング

など、遊びのテーマごとにＴｏＤｏリストを作ります。

たとえば、私は韓国ドラマが好きで、『天国の階段』のロケ地となった無衣島に行ったときにも、遊びなのですがＴｏＤｏリストを作りました。

**●行きの交通手段を確保する**

これは、とてもタイミングよく、ホテルのリムジンをチャーターできました。

私はリムジンバスかと思っていたら、やって来たのは黒ぬりの大型リムジン車で、連れと共に驚いたものです。しかもタクシーよりも安く借りられました。

**●ロケ地までの交通手段を確保する**

島ですので、港からフェリーに乗って10分ぐらいでした。

ただ、無衣島という島の中にはタクシーがありません。どうするのかもリストにチェック項目として挙げました。これは幸いにも、そのままリムジンごとフェリーに載せ、さらに島内もリムジンカーで走り、ロケ地まで行けました。

**●海岸で写真をとる**

これは、オープニングのシーンと、ラストシーンでも登場してくるスポットですので、欠かせないことでした。

**●チェ・ジウが転がった階段の写真をとる**

役割上、病になったチェ・ジウが、木の階段から転がり落ちるシーンがありました。そこは、やはり欠かせないスポットでした。

**●可能なら、グランドピアノを見る**

これは、主演のグォン・サンウが弾いていたものが部屋にあり、撮影した部屋は開放されているので、写真も撮影できました。

その日は、ToDoリストにはありませんでしたが、連れが若くして亡くなったイ・ウンジュという女優さんの墓に行きたいというので、これもリムジンカーで途中まで移動しました。

これらはすべて1枚のToDoリストにまとめ、さらに私はそのリストに、あまり上手ではないのですがイラストを入れて、リストのみを島に持って行きました。

## ◉「話題」をリスト化してもいい

あるいは、つい最近の「お酒」というタイトルのToDoリストには、こんな項目が書いてあります。

- 看板のないワイン店「K」の予約
- 友人の「○○さん」に確認メール
- 共通の知人、二代目編集者に「Hさん」の話をする
- 最近始めたEトレードの質問
- 新年会の打ち合わせ
- 2冊の新著を渡す

中でも、「知人の話」「Eトレード」のように、**〝何を話すか〟というテーマも、ToDoリストに記入**しています。この辺は、ToDoリストというよりは「メモ」に近いでしょう。

ただ、そのメモであっても、ToDoリストに入れておいていいと思います。

その他にも、つい最近も、とても親しい友人とクルージングに行くためのToDoリストを作ったり、次の海外旅行のリストを作ったり、楽しくやっています。

あなたもテーマが〝遊び〟のToDoリストを、作ってみませんか?

# 第3章のポイント

- ☑ ＴｏＤｏリストは「１日完結」、達成したタスクは「見える化」する
- ☑ ＴｏＤｏリストに書く仕事は「行動レベル」に落とし込む
- ☑ 行動レベルに落とし込むカギは「数字」と「動詞」
- ☑ ＴｏＤｏリストは「前日」に書き、「暗示効果」を利用する
- ☑ 書く項目をしぼれば、優先順位は自然に決まる
- ☑ 「スキマ時間専用リスト」があれば、時間を遊ばせなくてすむ
- ☑ 「仕事の優先順位リスト」だけでも、必ず作る
- ☑ 「連絡リスト」「遊びリスト」などの、目的別のＴｏＤｏリストを用意する

# 第4章

# 短時間にアイデアを量産できる「メモ」のとり方

01

# メモの本質はコミュニケーション・ツール

## ◉スピードアップの鍵は「コミュニケーション」

仕事のスピードアップを考えたとき、じつは、必ずしも「手帳の使い方」のみでは決まらないこともあります。

大切なのは「コミュニケーション」なのです。

人と人とのコミュニケーションには厄介な面があります。

正しく伝えた〝つもり〟でも、「聞いていません」とか、「いったはず」で、よく揉めることもあるものです。

万一、手帳を使って、仕事のスピードそのものが上がり、効率的にアポがとれても、相手が「私は聞いていません」などとなると、二度手間になり、時間は奪われていってしまいます。

また、「人に仕事を任せる、頼む」というのも、タイムマネジメントでは重要なスキルになるといえます。

これも、考えてみると、コミュニケーションの良好な人は、当然「任せやすい」「頼みやすい」ということになり、結果として仕事のスピードは上がるのです。

## ◉メモはコミュニケーションに役立つ

この章では、手帳におけるコミュニケーション担当ともいえる、「メモ」についてふれていきます。

中心になるのは「メモ術とはコミュニケーション術なり」ということです。応用も含めてさらに述べてみましょう。

### ①メモはモレを防ぐ

書いておかないと、私たちは忘れてしまうものです。

セールストークなどで、相手が前にいったことをメモを見て引用すると、「このセールスマンは熱心だな」「私のことをよく思ってくれている」ということを示せます。

**いった、いわないというトラブルも、メモ1つとっておくことで防げるケースもあります**ので、ぜひとも実行しましょう。

訪問先のみならず、会議の場でも、会話の最中でも、ちょっとしたこともすべてメモしておくようにします。

**②メモはやる気を見せる道具**

私が研修をしている際、メモをとっている受講者に対してはやる気を感じ、自然と〝好感〟を持ってしまいます。

反対に、メモをとらず、腕組みなどしている相手には、正直「帰ってください」といいたくなります。

これは、客先でも同じでしょう。

「部長、今のポイント、もう一度おっしゃっていただけませんか？」

「その言葉、中国古典の引用だと思うのですが、どんな字を書きますか？」

などと**メモをとりながら質問するのは、あなたの好感度アップに大きく役立ってくれる**

ものです。

### ③メモは頭の働きもよくする

通常のコミュニケーションは、話し手と聞き手の「話す」「聞く」というキャッチボールで成り立ちます。

メモというのは、ここに「書く」という作業を加えたコミュニケーションとなり、これは「頭の働きをよくする」とも私は考えています。

相手が「話す」。あなたはそれを要約しながら「書く」。その間にも質問を入れたり自分の見解を「話す」。再びコミュニケーションが始まり、あなたは合間に「書きながら」コミュニケーションをとっていく。

このように、**話すと聞くの間に「書く」という作業が入ることで、あなたの「脳」はフル回転していく**ものです。

つい先頃、新聞の取材を2社から受けました。両社の記者は二人とも、「メモをとりながら」私にどんどん質問してきます。

その「メモ帳」は、記号で一杯、文でも埋まっていましたが、私の印象は「頭のいい人たちだな」ということでした。

そして、私の話を聞いたあとに「書きながら新しく発想が湧いてくる」ようで、次々に話が広がっていくのでした。

「メモは、頭脳開発のスキルにもなるんだなあ」と改めて思ったものです。

また、ただボーッとしているのに比べて、メモによって頭の回転も速くなり、それは仕事のスピードアップにもつながります。

まずは、ちょっとした行き違いを防ぐために、「大切な場面」では必ずメモをとるようにしましょう。

もちろん、1か所にまとめておくために、手帳は常に携帯してくださいね。

## メモをとる意味とメリット

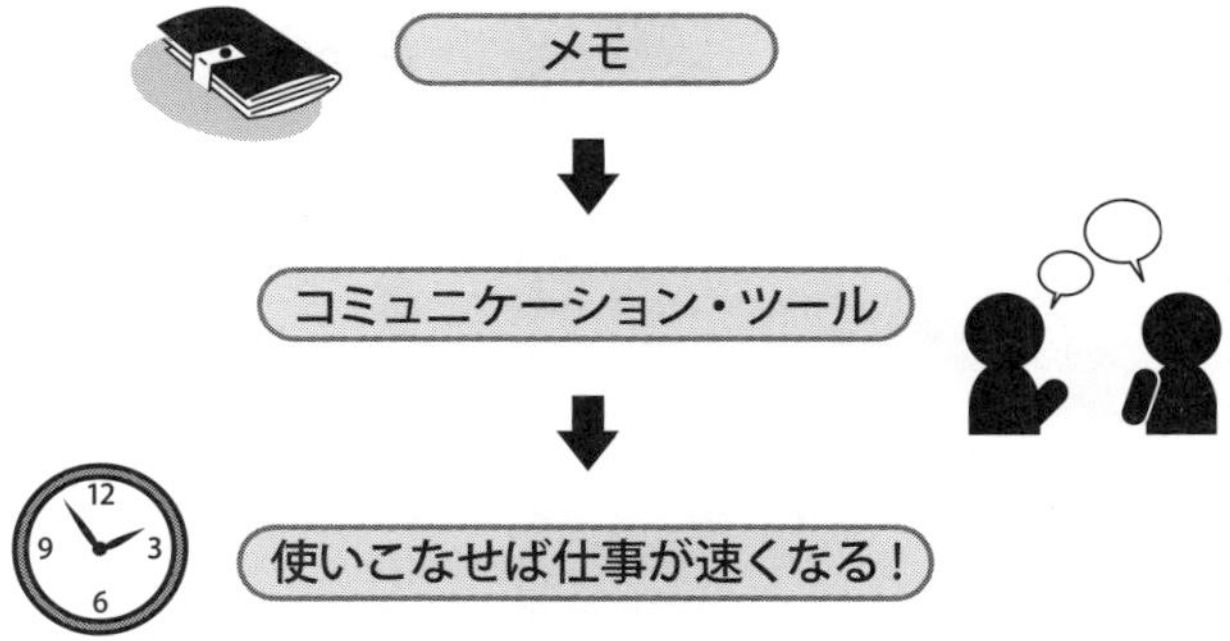


**メモをとる3つのメリット**

①モレを防ぐ
②相手にやる気が伝わる
③頭の働きがよくなる

**メモをコミュニケーションの道具として使い出すと、仕事が速くなる**

02

# メモには一字一句書かない

## ◉メモを書くときの2つのポイント

それでは、実際のメモのポイントを見ていきましょう。手帳にメモをする際に欠かせないポイントは、

①簡略化
②判読可能

の2つです。つまり、一字一句書くことなく、しかも、あとで読みかえしてみて「わかる」ことを満たさなくてはなりません。

しかし、実際にはこの逆が多いのです。

なるべく一字一句もらさず書いてあって「冗長」。

あるいは、せっかく短く略されたものの、あとで読みかえしてみて、何のことかわからない、というメモ。

私がここであえて強調しているのは、自分にも、そんな苦い経験が何回もあったからです。


私はもともと一字一句書く、ということはしないほうです。どんどん簡略化したメモをとっていました。

たとえば企業名なら、初めに一文字だけをカタカナで書いてみたり、オリジナルの略号もたくさん作りました。


ところが、あとで見直したときに、「これは何だったっけなあ」「えっ、何コレ?」というようなことが多くありました。

結局、スピードアップしているようで、かえって確認に手間がかかるのです。メモしたことで逆に時間がかかってはたまりません。

・略号はいいが、あとでわかるようにリストにしておく

くらいの手間はかけなくてはいけません。また、略号には、

・統一性を持たせる

ことも欠かせないのです。同じ略号が、ときによって異なる意味を持つ、ということがあってはならないのです。

## ◉メモで「要約力」を磨く

文章は、長いほうがわかりにくいのは、いうまでもありません。

これを「短文にする」ということは、あなたの「まとめる力」、要約力とでもいうのでしょうか、この力を伸ばしてくれます。

自問してほしいのは、メモが要約されているかどうかです。

これは、「一行で表現するにはどうしたらいいか」「どのようにまとめるのか」を常に考

## ● メモは略号を使いこなせ！●

### ①漢字の略号

㊽＝企画書、㊾＝会議、(営)＝営業、
(打)＝打ち合わせ、[東]＝東京駅、△山＝山田氏…など

### ②アルファベットの略号

Ⓣ＝電話する、Ⓕ＝FAXする、Ⓜ＝メールする
応用として、
→Ⓣ＝電話をもらう、→Ⓕ＝FAXをもらう、→Ⓜ＝メールをもらう
…など

### ③カタカナ、記号

ハンバイ＝販売、ジゴショリ＝事後処理
☆＝重要、？＝変更の可能性アリ、！＝注意…など

※また、略号ではないが、外国語で表記してもいい

**略号、記号を使いこなせば、
メモの時間が短縮できるし、守秘性も高まる**

えていないと、短い文でバシッと要点をメモしていくことはできないと知りましょう。

今までずっと学生時代から教授の言葉を「一字一句書く」ということをしてきた人は、いきなり略号を使って簡略化はしにくいものです。

そこで、第1ステップとして、「**短文で書くようにする**」という点に注意してみてください。

メモの中には、もしかしたら他の人に見られたら困るような、守秘性のある内容が入るかもしれません。

この場合、短文だとわかってしまいます。が、略号、記号で書いておくと「他の人が見てもわからない」というメリットもあるわけです。

たまたま私は、ハングルとタイ語が少々できますので、「見られたくない」メモはそのどちらかで書くこともあります。それでも、読める人が見たらバレてしまう可能性はありますが……。

メモは一字一句書かない——これがまず身につけるべき、スピードメモの第一歩です。

03

# メモは週に1回、必ずチェックする

## ◉見直さないメモでは意味がない

メモは、書いただけでなく、当然「**見直す**」ことに意味があります。
会議中のメモなら、会議が終わったあとに見直すでしょう。
取材時のメモなら、取材が終わったあとに見直すものです。
講義をまとめたメモなら、講義のあとに見直すことはするでしょう。

つまり、メモは多くの場合、「直後の見直し」はよくされるものです。
ところが、さらに「再度」見直すのかというと、これはあまりされていないはずです。

メモやノートというのは、面白いもので、「書く」と安心してしまう傾向があります。

勉強したつもり、まとめたつもりとなってしまうのです。

しかし、くり返しますが、メモそのものが目的ではないのです。メモをとって安心して、ハイ、そこでオシマイ、となるものではありません。

それでは、再度見直すのは「いつ」がいいと思いますか？

## ◉チェックの理想は週1回

そもそもタイムマネジメント全般には、「時間を決めてチェックする」というゴールデンルールがあります。

ひっきりなしのチェックをするのではなくて、1日のうちに時間を決めるとか、週のうちで曜日を決めてチェックするということです。


これは、メールのチェックなどいい例でしょう。

毎日やたらにチェックするというのは、あまり時間活用としては、よくありません。

午前中、10時半から1回。午後は2時に1回というように、時間を決めてチェックしないと、なかなか「本当のやるべき仕事」に手がつけられないでしょう。

あなたの仕事は「他にある」のです。メールのチェックが仕事ではありません。

メモもまったく同じです。メモそのもののチェックは仕事ではありません。ですので、毎日何回もひっきりなしにチェックするものではありません。

個人差はあるでしょうが、私は、週に3回のチェックで十分だと思います。

あるいは、「本職」がありますから、そちらに集中していたら、**メモをまとめて見直すのは「週に1回」でも十分**かもしれません。

これは、もちろん〝発想〟そのものが仕事で、メモを1日に何十回と見るような人にはあてはまらないのは、いうまでもないことです。

チェックは、メールもそうですが、半ば「機械的」にスケジュールに入れてしまいましょう。金曜の午後30分とか、土曜日に翌週に備えて自宅で30分、でもいいのです。

## ◉手帳を携帯してメモ・チャンスを増やす

第1章でも述べたように、「仕事とプライベート」をはっきり分けないのが私の流儀です。

プライベートに、「仕事に関わる」ことをしてもいいと思っています。これはもちろん、残業とか、仕事を家に持ち帰ってするのとは違います。

実際、プライベートの中にも、「仕事」が入ってくることはあります。

私などは、「本のテーマ、ネタ」というのは、街中をブラブラしていたり、オフの日に突然浮かんでくることがあります。

それは、パッとメモします。厳密にはこれは仕事なのですが、プライベートタイムの中での発想です。ということで、このくらいの「融合」は許されるものと、私は考えています。

## ・プライベートな時間にも、いつでもメモできるように手帳は持ち歩く

これがメモのゴールデンルールといえましょう。

私の場合は、システム手帳がメインで、ここにスケジュール、ToDoリスト、メモという3大パートは入れてあります。

ですが、スケジュールのみ、20年来愛用しているメーカーのものがあるので別に持っています。ここに、メモ帳が入っていて、オフの日に持ち歩くのは主にこの手帳です。

そして、通常のメモは仕事ではシステム手帳で、オフの日はただ「軽い手帳」ということで、ずっと用いている手帳のメモ欄にメモを書きこみます。

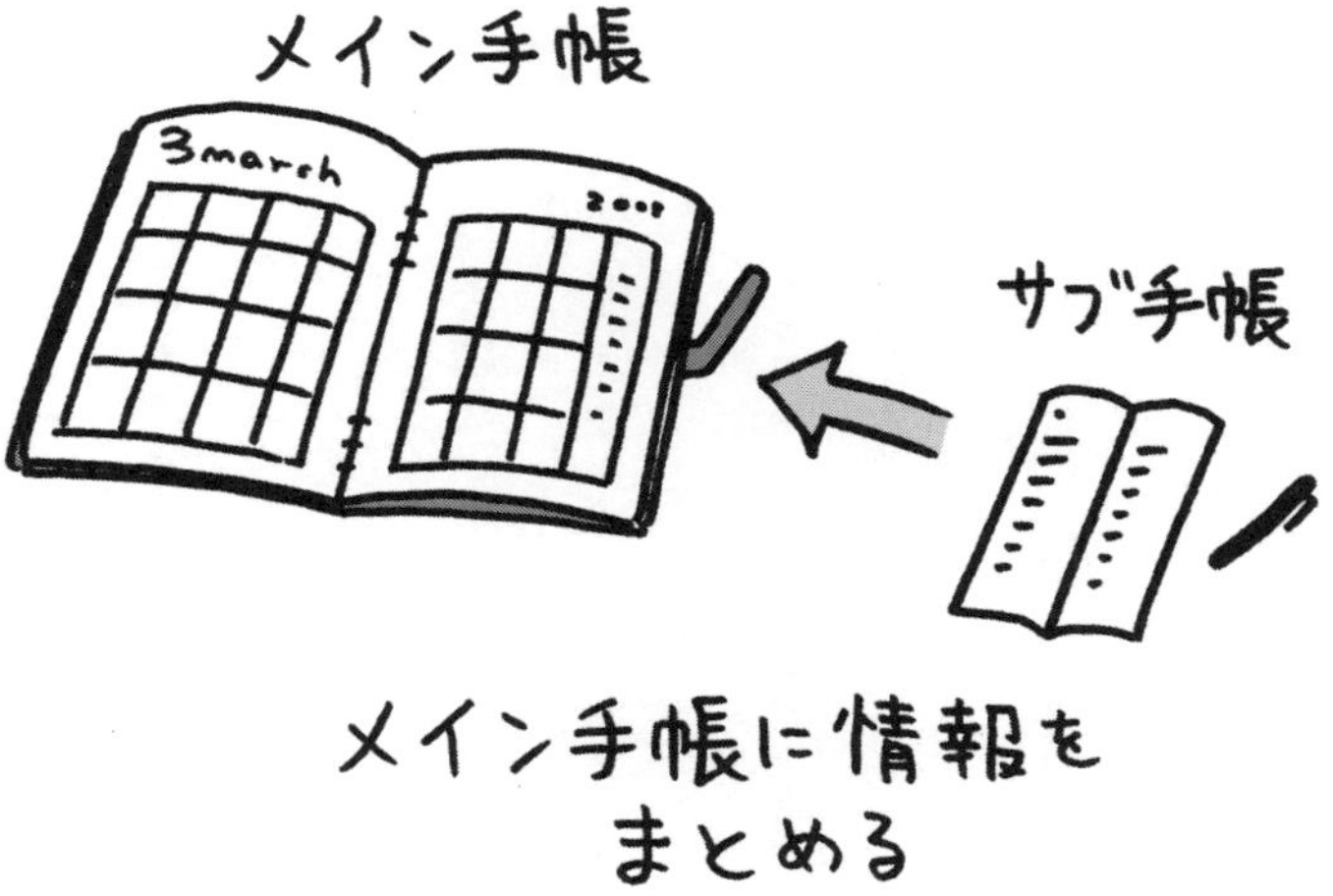


ただし、このメモはすぐに忘れてしまうことや、「情報一元化の原則」から、必ずシステム手帳に写すようにしています。

この作業の中で、メモをとったときの状況を思い起こしたり、場合によっては新しいアイデアの元となったりするのです。

このオフの手帳の使い方は、やはり慣れたら「自分のやりやすいやり方」「自分流」でいいのです。

まず、週に1回のメモチェック、これは欠かさないようにしましょう。

04

# メモを発想の源にする3つのヒント

## ◉メモは大事なアイデアの元

今まで述べた中では、メモの役割として、

- **コミュニケーション**（モレを防ぐ、頭の働きもよくなる）
- **記録**（略字・記号を用いて一字一句書かない）

が挙げられます。そして、この項では、

- **発想の源**

としてのメモについて、ふれておきましょう。発想を豊かにするためのメモのとり方のヒントを3つ挙げるので、参考にしてほしいと思います。

## ①メモはむやみに捨てない

メールのジャンクメールは、他に使いみちはなく、削除するだけかもしれません。

しかし、メモはたとえそのときには「大したことないかしら」「あまりよくないな」などと思ったとしても、あとで役に立つ、ということがあるのです。

よくないのは、「重要度があまり高くない」と判断して、すぐに捨ててしまうことです。「メモ同士が結びつく」ことによって、まったく新しい発想が生まれてくることはあるものです。

私自身、ちょっとしたメモでも捨てずにとっておいて、後日それらを合わせて、いいアイデアになったということが何回もあります。

## ②メモを組み合わせてみる

メモは、捨てないでおくとアイデアの元となります。

ただ、「偶然の結びつき」だけだと、まだ弱いものです。

そこで、今度はメモを積極的に結びつけてしまうこともやってみましょう。

これは、「何の関係もないメモ」を2つ3つ組み合わせて、何か発想が出ないか、時間をとって「考える」ことに意味があります。


私は今はビジネス書の作家ですが、将来的には小説を書こうとしています。

この小説をどのように書くか、テーマについては「メモ」を見るようにして、アイデアをいくつか書きとめることができました。

たまたま娘に頼まれまして、買うべき携帯小説のタイトルをメモしてありました。

また、好きな韓国ドラマのDVDを注文しようとして、これも他のページに、ドラマのタイトルを書いてありました。

パラパラとメモを眺めていて、携帯小説のような文体で、韓国ドラマ風の純愛物を書いてみようかなと思いつきました。

まあ、この先何年かのことですが、もしも私の恋愛小説を目にしたら、「あっ、あれは松本の手帳のメモから生まれたんだな」と思ってもらって結構です。

このように、メモをあえて自分でシャッフルして、アイデアの元にしてみましょう。

## ③発想メモとして毎日チェックする

メモのチェックは、週3回とか、週1回で十分とお話ししました。

しかし、もしも「メモからアイデアを出そう」というのが目的でしたら、毎日見る必要があります。「メモを見ていくうちにアイデアが出てくる」ことは多いからです。

発想というのは、「連想していく」「思いつく」ことは多いのですが、これには何らかのきっかけが必要です。メモは、その連想のきっかけになってくれます。

たとえば、この原稿を書いているときに、私のメモをパラパラと見ると、たまたま来月にタイムマネジメントの講演をする「伊勢のレジュメ」というのが目に入ってきました。

ここで「連想」していくことができるわけです。中身は本当に自由です。

「伊勢か、伊勢といえば、伊勢エビだよなあ」

「そうそう伊勢エビといえば大きいけど、昔マイアミに行ったときのロブスター、これは大きかったよね」

「そうだ、あのとき、カリブ海のクルージングに行ったんだ」

「カリブ海のクルージング、そうそうあの時船内でカジノをやったんだ」
「カジノ？　そうだ、今日ジャパンカップだったよね」
「そもそも、競馬で儲けている人っているのかなぁ？　賭け事で儲けるといえば、そうだ、今友人のH君がマカオに行ってるんだ」

ところまで来て、「そうだ、彼にメールしておこう」となり、実際、私はこれからマカオに行っている友人にメールする予定です。

ここでは、「伊勢のレジュメ」というただのメモが、次々に連想していくことで、外国に行っている友人にメールするところまで行きました。

これは発想を豊かにするいいトレーニングになっているのが、おわかりでしょう。

また、途中の1つの連想を少し変えただけで、まったく違う発想へとつながっていくことにもなるのです。

そのための「トレーニング」としては、やはり毎日メモをパラパラ見て、発想してみる時間を作ることがいいのです。

## ● メモで発想力を鍛えるポイント ●

### ①すぐに捨てない

メモはある程度寝かし、他のメモと
組み合わせてこそ、真価を発揮する

### ②他のメモと組み合わせる

ボールペン ＋ 広告 ＝ ボールペンに広告を載せるビジネス

といったように、斬新なアイデアが出るかもしれない

### ③毎日チェックする

メモは「連想」のきっかけを与えてくれる

**多様なメモにできるだけ多くふれることで、
「発想スイッチ」が入る**

05

# メモの情報は1か所に集めておく

## ◉守りたい「一元化」のルール

これは手帳全体でもそうですが、とりわけメモにいえるのが、「**情報は1か所にまとめておく**」ことの重要性です。

つまり、その辺の紙やノートなどに分けてしまわずに、原則としてメモは手帳に集めて保有しておく、ということです。

これは、あとにメモ同士をくっつけてアイデアを出すとき、特に重要です。

その辺の紙やノートや手帳のメモを、バラバラにつけ合わせていくのは厄介なことです。厄介なことは長続きしませんので、極力シンプルにいきたいものでしょう。

その点、手帳1冊にメモが集めてあれば、楽にアイデアも出てくることになります。つけ合わせたり、比較するのが楽だからです。

もちろん、必ずしも手帳にバッとメモできないこともあるでしょう。

「しょうがない、このレポート用紙に書いておこう」「このノートでいいかしら」と、手帳に書けなかったとき、多くの場合、それはそのままになりがちです。

**・他の紙にしたメモは必ず手帳に転記する**

これが鉄則だと思ってください。そうして、「手帳に一元化」するわけです。

私の場合、電車内で、よく携帯でメルマガの原稿などを書いています。

面白いもので、そのときにまったく他のアイデアが出てくることがあります。

それは忘れないうちに、携帯のメモを用いるか、ちょっと長い場合は、メールの文章として打ちこんで、パソコンのアドレスに送ったりしています。バックアップの意味もあります。

そして、あとでまとめて手帳に転記しておくわけです。

このようにアイデアがひらめいたときというのは、もしかして手元に手帳がないか、すぐに何かに書かないと忘れるという緊急なことも多くあります。

その場合はどうしても手帳以外の「外部メモ」となるでしょう。

ですので、必ずもう一度、手帳に「転記」しておきましょう。

## ◉目につく範囲に「外部メモ」を常備する

もしも会社内や自宅であれば、トイレや浴室に手帳というわけにはいきません。

私の場合は、かなり目につくところに「メモ帳」が置いてあります。これは仕事場も自宅のリビング等でも同じです。


今この原稿はリビングで書いているのですが、目につく範囲だけでも、電話機の横、テーブルの上、ソファの横と3か所にメモ帳がおいてあります。

トイレや、廊下、ベッド横にもありまして、「パッ」というヒラメキはどこでも書きとめられるように、「家の中」は万全になっています。


もちろん、これらメモに書いたことは、まとめて手帳に転記する時間をとっています。

この転記の時間が、考えをまとめることにつながります。

中には、転記するときに読み直して、新しいアイデアが出ることさえあるくらいです。これも当然、手帳にメモしていきます。

ちなみに、リビングのテーブルで書いている横には、京都に行ったときに気に入って買ってきた、ウサギの形をしたメモがおいてあります。

ともかく、「**いつでもメモできる**」ようになっているわけです。メモできる態勢づくりをすること。さらに、外部メモは必ず手帳のメモに転記しておくことを徹底してください。

06

# メモの寿命はどうやって決める？

## ◉「メタボ手帳」ではメモを十分活用できない

メモは「捨てない」でとっておくことで、メモのアイデア同士がさらなるアイデアを生むものです。

しかし、すべてのメモを何年もとっておくということは、もちろんありません。

当然、メモには〝寿命〟があります。

つまり、システム手帳のリフィルとしてはさみ込んでいくにしても、手帳そのものの「物理的限界」がありますから、ずっととっておくわけではないのです。

また、あまり「厚すぎる手帳」はよくありません。原則は、極力シンプルにする、ということです。

私は、手帳の初心者の方には、「手帳を使うのは便利」というのを実感してもらうために、地下鉄の路線図やバスの時刻表をはさむなど、使い勝手のいい「マイ手帳」にしていくことを強くお勧めしています。

しかし、これも度がすぎると、「厚く」成長しすぎた手帳が、かえって使いづらく感じられます。

手帳を「メタボリック」にするのは避けたいですよね。

**手帳が厚くなりすぎたら、シンプルに作り直す、整理し直す時期です。**

これは車の定期点検のようなもので、時間を決めて時々やるといいでしょう。

もちろん、最初の点検は「ちょっと厚くて使いにくい」と思ったときです。

あるいは、「目的のリフィルを探すのに時間がかかる」ようになったときも、いいタイミングといえます。

## ◉パソコンでメモの寿命を「永遠」にする

メモは紙ベースのものですので、デジタルデータとして保存しておくのもいいことです。

先述した「定期点検」の際に、その時点で整理するメモを見直して、有益な情報を拾い出しましょう。このとき、

①**発想の元になりそうな情報**（気になった言葉、面白そうな本の書名、など）

②**仕事上の覚書的な情報**（他社の競合製品情報、お客様の声、など）

の2つの観点から情報を拾うといいでしょう。

また、パソコンの文書に保存するときは、年単位、月単位などで記録してもいいですし、テーマ別に再編集しても構いません。

最近では、各種デスクトップ検索ツールも充実していますから、ある程度大まかな分類で保存しても、あとからキーワード検索が可能です。

パソコンを利用すれば、メモ（情報）の寿命を、半永久的なものにすることも可能なのです。

● 手帳メモをデジタルデータで管理する ●

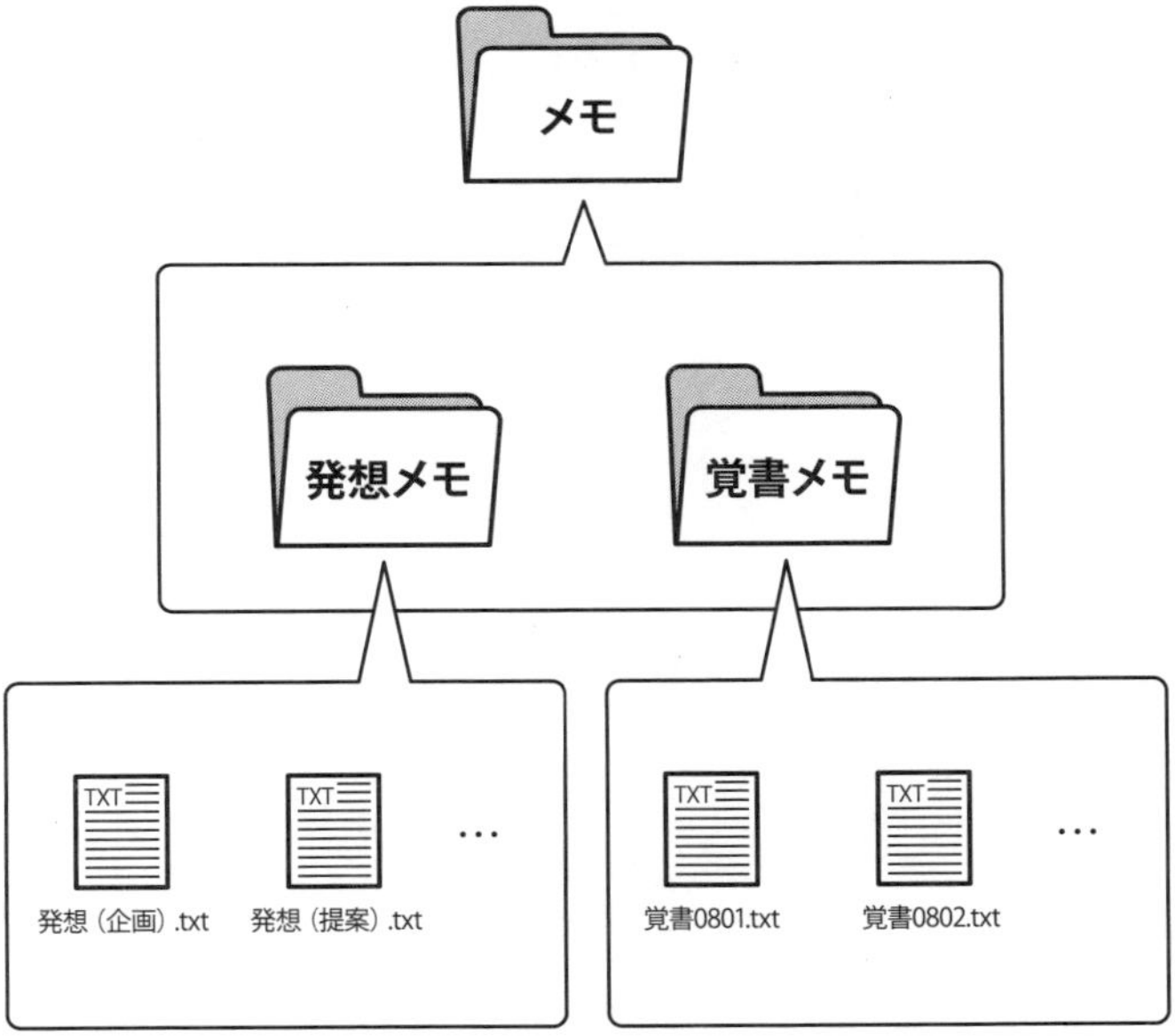


覚書メモは年月単位、発想メモはテーマ単位、
といったルールを決めて管理する

## 07

# 「ネタ帳」としてメモを使う方法

### ◉話のネタを手帳に貯金せよ！

ここからはメモの使い方の「上級編」といえるかもしれません。

今から紹介するのは、「**ネタ帳**」としての使い方です。

つまり、「いい話だわ」「何か使えそう」「いけるね」などと思う話があれば、すぐにメモしておくのです。

セミナー講師などの「話のプロ」にとっては、これが大きな財産になります。

私の場合は、研修や講演で使えそうな〝ネタ〟は、思いついたり、人から聞いたり、本で読んだり、テレビ、ネットと様々な媒体があります。

ただの話のネタで1回限りかなと思うようなものは、あまり「出典」までメモすることはしません。

しかし、理想としては、すべての出典をメモに入れておいてもいいのかもしれません。

そうしないと、「孫引き」のように何回も引用されて、「元」がどこなのか、わからなかったりします。

特にあとで本に使えそうだとか、研修のスライドに使おうというようなときには、はっきりと出典はメモしておきます。

ちなみに、信用されやすいのは、

- **権威者の言葉**
- **3大紙の記事（朝日、読売、日経）**
- **業界の生の声、データ**

などで、説得するのに大きな力を持つでしょう。

いわゆる雄弁家は、そういった要素を巧みに話に盛りこみます。

## ◉一番いいネタは「あなた自身の体験」

余談ですが、私の執筆活動のスタンスとしては、古今東西の偉人の言葉などは、極力「本の中に入れない」という形にしています。

何百年も前の人の話や、雲の上にいるような人の話は、「なるほど」という人は中にはいるのかもしれませんが、「人の心を打つ」には至らないと思っているからです。

「共感してもらう」には、今流行のブログのようにサラリとした、〝普段着の文章〟のほうがいいと私は思います。

ということで、私の文には、偉い人がこういったとか、〇〇の法則というのは極力入れてありません。むしろ、日常的な友人の体験などを盛り込むようにしています。

ネットで調べればすぐにわかるようなことは、「ネタ」としては弱いのです。

絶対に他の人が真似できないこと、それは、あなた自身の体験です。

ですから、ネタ帳の中でも一番力を入れたいのは「**あなた自身の体験**」であり、そこから「あなただけの気づき」が生まれるといっていいのです。

## ●「ネタ帳」メモの使用例●

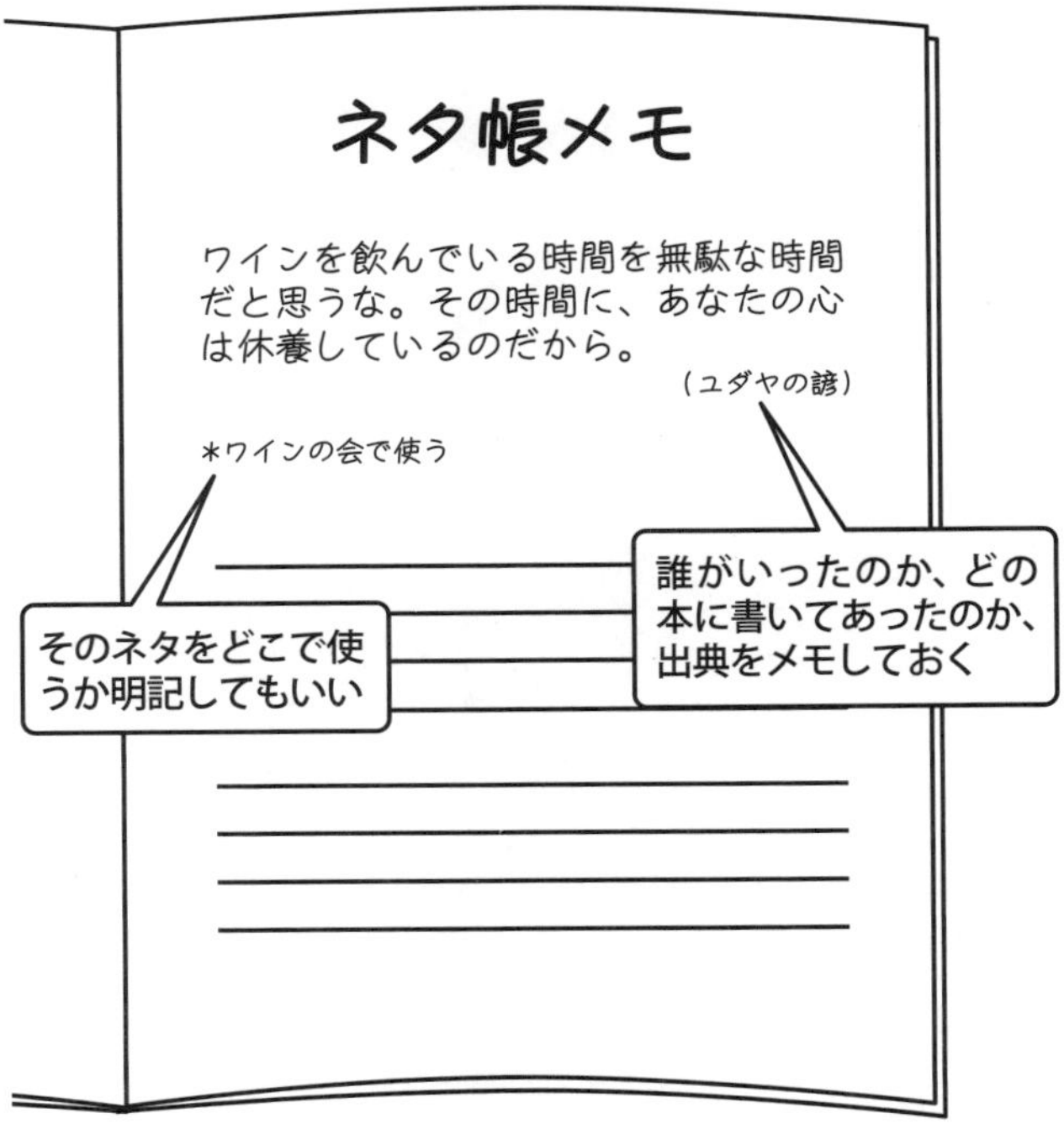
ネタ帳メモ
ワインを飲んでいる時間を無駄な時間だと思うな。その時間に、あなたの心は休養しているのだから。
（ユダヤの諺）
*ワインの会で使う
誰がいったのか、どの本に書いてあったのか、出典をメモしておく
そのネタをどこで使うか明記してもいい

引用した言葉と共に、
出典、使用機会などを書くと、ネタ帳が活きる

08

# 「ネタ帳」メモには自分の意見も記しておく

## ◉自分の意見を持っていますか?

よく「自分の意見を持て」などといいますが、いきなり何でもかんでも〝自分の意見〟は出しにくいはずです。

すると、「彼女は自分の意見がない」「アイツははっきりしない」などと、悪く思われてしまいます。

こんなときこそ、先ほどの「ネタ帳」メモを活用しましょう。

「これは面白い」

「何か使えそう」

などと思ったらすぐにメモします。

そしてポイントは、そのメモについて「一言」でいいので「自分はこう思う」ということを加えるのです。

## ◉手帳を使った「意見トレーニング」

私の例を挙げましょう。

つい先週、電車に乗っていましたら、その同じ車両に四、五人、外国人が乗っていました。ヨーロッパ系の女性が一人、この人は脇に日本の雑誌を抱えていた品のいいご婦人でした。

私は座っていたのですが、隣にアジア系の若者がいて、斜め前にもアジア系の人が二、三人まとめて座っていました。

品のいい婦人は、私の前の列のつり革につかまっていました。

この辺の描写は省いて、私は単に「外人の多い車両」とあとでメモしたのです。

途中、駅で、老人が乗ってきました。高齢で杖をついています。

すると、私の隣のアジア人はパッと立ち上がりました。

その人がいた席に、品のいいご婦人が、老人の手をとって、座らせたのです。

何の相談もしていなかったのですが、鮮やかな連係プレーでした。
「老人に席譲る」とあとでメモをしました、
キーワードやフレーズだけ書いておけば、印象深いことは思い出せるものです。

さてこのあとです。

- 日本人は誰も席を立たなかった
- 外国人は立派だった
- 自分はただ座っていた
- 日本には思いのほか、外国人が多い
- マナーとは

などなど、まったく同じ出来事であっても、これだけ切り口が違う「あなたの意見」が出てくると思います。
いずれにしても、「**メモに一言自分の考えを加えておく**」ことで、あなたは〝自分の意見〟があると思われます。

「日本人のマナー、突然のときに弱いよね」

「思った以上に、日本には外国人が多いと思うよ」

というように一言加えればいいのです。


新聞記事や、ニュースに一言つけ加えると、「自分の見識」があると思われます。

しかし、ニュースというのは「自分の体験」ではないので、常日頃から問題意識のある人でもないと、いきなり意見は出しにくいものです。

最初は、自分の体験、身近なことをメモして、それに対しての「自分の一言コメント」をいう〝トレーニング〟をしてみましょう。

# 第４章のポイント

- メモは、じつは「コミュニケーション」のための道具である
- メモを書くポイントは「簡略化」と「判読可能」
- メモは週に１回、必ず見直す時間をとる
- いつでもメモできるように、手帳は必ず持ち歩く
- 「組み合わせ」と「連想」が、メモを発想に活かすポイント
- 外部メモに書いた情報はすべて手帳に転記し、「一元化」する
- 限界があるメモの寿命も、パソコンを使えば「永遠」になる
- 自分自身の意見と体験を記せば、メモは立派な「ネタ帳」になる

# 第5章

# 手帳の力を10倍アップする
# 「ツール」集

# 01 手帳と他のツールをどう使い分ける？

## ◉手帳がメイン、デジタル・ツールはサブが「松本流」

もしも私たちが、何千人のアドレスをすべて記憶でき、メモをとらなくてもアイデアは覚えていて瞬時にパッと思い出せ、スケジュールの変更も含め、自分の頭さえあれば問題ないとしたら。

こんな能力があれば、私たちに手帳はいりません。

しかし、実際はそうでないからこそ、私たちの頭の〝サブ〟として手帳が存在します。

また、仮に「手帳」が無限に情報を蓄積できるツールだとしたら、スケジュールやメモ、ＴｏＤｏリスト、アドレスすべてを紙の手帳１冊で管理できます。

ですが、実際には、システム手帳なら、スケジュールやメモのリフィルをずっとためておけませんし、ＴｏＤｏリストも入れ替えは不可欠です。

もしも「手帳」に、私たちの頭に対する手帳のように、〝サブ〟があるとしたら、私は**〝デジタル・ツール〟**がそれに当たるのだと考えます。

デジタル・ツールは情報の蓄積容量が大きく、検索もしやすいです。

それらのメリットを活かして、ケースバイケースで、手帳とデジタル・ツールを使い分ければいいでしょう。

この章では、手帳と手帳以外のツール、特に〝デジタル・ツール〟との連携を中心に述べていきます。

## ◉デジタル・ツールを「保険」にする

とはいえ、私自身は、持ち運びが容易、人と会っているときメモをとるのに異和感がない、使うときの姿勢や環境に制約がない、そして何より長年使い慣れているという理由で〝手帳派〟です。

また、紙の手帳にはデジタル・ツールでは味わえない〝実感〟が湧くのです。

システム手帳の革の手ざわり、香り、という〝実感〟がとてもいいのです。

もちろん、この感覚は人ぞれぞれ違うとは思いますが。

デジタル・ツールを「メインに対してのサブ」と考えると、その役割の基本は〝**保険**〟です。

手帳のみに情報を一元化していると、万一手帳を忘れたとき、仕事ができない、やる気が起きないという状態になります。

そこで、普段は使いこなしていなかったとしても、デジタル・ツールを保険にしておくとよいのです。

携帯電話でアドレス管理を、カレンダーソフトなどでスケジュールをバックアップしておけば、イザというときも安心です。

また、ツールによっては、それ独自の使い方も可能です。詳しくは次項以降で紹介します。

## 手帳とデジタル・ツールの使い分け

**手帳…メインで使用**

- デジタル・ツールに比べ、サッと確認・記録が可能
- 打ち合わせの場などでの違和感がない
- 独特の"実感"がある

**デジタル・ツール…サブで使用**

- 基本は"保険"の役割をし、各種データのバックアップに活躍
- 画像・音声・動画メモやアラーム機能・検索機能などを活用したい（詳しくは次ページ以降に）

※なお、デジタル・ツール以外に、アナログ・ツール（名刺・ノートなど）も組み合わせて使うと手帳の力をさらに引き出せる

**デジタル・ツールの情報容量、独自機能を活かし、手帳との効果的併用を行なおう**

02

# ケータイ・メモを十二分に活用する

## ◉ケータイ・メモなら場所を選ばない

手帳と使い分けるツールの筆頭として、ここでは携帯電話を挙げましょう。

携帯の機能をどこまで使いこなすかは、人によってだいぶ差があると思います。アドレス帳はもちろん、メモ、スケジュール管理と、あらゆる機能を十分に使っている人もいるかもしれません。

私自身が手帳のサブとして主に使うのは、**メモ機能**です。思いつきのアイデアを、電車内などでは手帳を出せないことも多いので、携帯電話のメモで保存しています。

また、私はメールマガジンを発行しているのですが、この原稿はほとんど携帯メールですませています。

移動中でもアイデアが浮かべばすぐに原稿執筆に移れますし、書ける分量がそれほど多くないので、かえって読者の方にはポイントがまとまっていると喜ばれるメリットもあります。

## ◉メモできるのは文字だけ？

メモというと、つい「文字」に限定しがちですが、携帯電話の場合、それ以外の情報もメモできます。

- **画像メモ**
- **動画メモ**
- **音声メモ**

記録したい情報によって、これらのメモ方法を使い分けましょう。

次ページに、それぞれのメモの使い方をいくつか載せました。他の使い道も、それぞれ考えてみてください。

## ● ケータイ・メモの活用例 ●

**文字メモ**

手帳メモの代わりに使用する。
パソコンのメールアドレスあてに、携帯電話からメールしてもいい。

**画像メモ**

電車やバスの時刻表・訪問先の地図などを手軽に記録できる。

**動画メモ**

料理の作り方、旅先で見かけた祭りの様子など、動きのある情報を記録できる。

**音声メモ**

文字にすると長文のアイデアも、音声なら楽に記録できる。

**メモ方法を使い分ければ、
あらゆる情報を記録できる**

# 03 ケータイ・メモはあえて不完全にする

## ◉ケータイ・メモは3Sが原則

たとえば、この章のタイトル案を携帯電話でメモするとしましょう。

このとき、『手帳の力を10倍アップする「ツール」集』というのではメモの文としては長すぎます。

ケータイ・メモは、シンプル・アンド・ショートが原則です。そして、自分にパッと見せるということで、ケータイ・メモは3Sでなければいけません。

・Simple（単純に）
・Short（短く）
・Show（すぐ見られる）

この場合だと、「手帳ツール集」といったぐらいに圧縮してしまうわけです。

また、形容詞、修飾語の類は、極力省きます。

第1章の「劇的に高める」などは省略し、「スピード手帳術の基本」のみを、キーワードとして書いておくわけです。

## ◉あえて不完全なメモの効用

私は、あえて〝想像力〟とか〝記憶力〟をサビつかせないためのメモのとり方として、ケータイ・メモでは人名を時々アルファベットにして入力します。

「Y」とだけ入力しておくと、中には「アレ、これは吉田さんかな、山本さんだっけ?」などと迷うことがあります。

でも、そのときに、普通の名前で記録すると、それ以上頭は使わなくなります。

「吉田、17時」でオシマイです。

ところが「Y氏、17時」としておくと、必ず考えることになります。

そして、その前後の日や出来事も考えます。

「たしか、新宿で早目の忘年会をしようという話をしていたのは吉田さんだよね。そうそう、引っ越して一段落したら会いましょうという会話もしたな」と、様々なことを思い出し、頭の働きもよくなります。

これはもちろん、ケースによるのですが、

**・あえて不完全なメモにする**

というテクニックもあるわけです。

私は、手帳のメモでも、仮にインサイト・カンパニーという会社なら「㋑」とか、マーケティング・コーポという名の会社なら「㋮」というように略号を使っています。

手帳メモであれ、ケータイ・メモであれ、よく会う人、仕事の多い先には、どんどん略号を使っていくのが、メモをスピーディーにとっていくコツでしょう。

また、考えようによっては、ことそのものが、発想力の開発法ともいえます。

**・メモの略号、記号を考える**

たとえば、外資系企業はカタカナで頭文字を、日本の会社はひらがなで、というようにしてもいいわけです。

ただし、注意したいのは、人の名前や社名の頭文字だけをメモする場合、「よく知っている」とか「つき合いが長い」「なれている」という人や会社に限ります。

もしも、初めての会社の人や、社名を略号としてしまいますと、「ミス」が起きやすいからです。

## ケータイ・メモのポイント

### ①3S

ex.次回の営業会議で売上データについて質問しようと思ったとき

### ②不完全なメモ

ex.10日10時に斉藤さんと池袋駅で待ち合わせが決まったとき

**ケータイ・メモは手帳のメモと違ったとり方をすることで、"脳力" を活性化できる**

04

# 手帳＋アラームで時間のムダを徹底的に省く

## ◉アラームでスケジュール管理の精度がアップ

手帳にはできなくて、デジタル・ツールにできることは少なくありません。

その中でも、代表的なのは〝アラーム〟ではないでしょうか？

ですので、この機能を利用し、デジタル・ツールを「聴覚型手帳」として使うことができます。

この場合、ツールはパソコンでも携帯電話でも同じです。

携帯にもともと備えてある機能や、パソコンでしたらフリーソフトを利用したりして、指定の時間にアラームを鳴らすことができます。

・手帳　＋　デジタル・アラーム

でスケジュールを管理すれば、アポをド忘れるとか、ダラダラ作業時間が押すといったことは生じにくくなります。

## ◉アラームで強制脱出をする

また、アラーム機能はこんな使い方もできます。

たとえば、仲間で話が盛り上がっている最中に、「ごめんなさい、次の約束があるの」といって、サッと立ち去れる人は少ないのではありませんか？

どうしても「おつき合い」してしまって、聞かなくてもいい話を聞き、自分の大切な時間を自分で失ってしまってはいないでしょうか？

このとき、手助けとなってくれるのがアラームです。

たとえば、携帯のアラームをあえて音が大きく鳴るようにセットして、なおかつ事前に広言しておくのです。

「悪いわね、今日は20分後に失礼するわ」

「すまない、1時間だけつき合わせてくれないか」

というように、あらかじめ口にしておきます。

ただ、口だけですと、イザとなると抜け出すタイミングを逃したりして、結局ズルズルと長居しがちです。そこで、アラームが大きな音で鳴ったのを合図に、「悪い、今日はお先に」といって抜け出てしまえばいいのです。

このような使い方は、紙の手帳には真似のできないところですから、どんどん使っていきましょう。

## ◉アラームは開始のゴング代わり

また、他にも〝間接的〟な時間をムダにしないやり方として、アラームを利用する方法があります。

私は以前は、目覚ましなしで「5時」と前の晩に強く念じてから寝ると、1分と違わずに5時にピタッと起きることができました。しかし、このごろは〝ズレ〟が生じるので、保険として、携帯のアラームを鳴らしています。

こんな基本的なことをあえて書いたのは、タイムマネジメントの世界では、「寝坊」とか「遅刻」というのは時間を失なうことになるので、避けるべきことだからです。

約束のアポに遅れたくないとき、遠慮せずアラームを鳴らしましょう。用事があって、話の続く中で立ち去りたいときも同様です。

あるいは、自分が集中して仕事をしようと決めていた時間の**「開始」の合図にアラームを使う**という手もあるでしょう。これは、試合開始のゴングのようなもので、アラーム音がやる気をかき立ててくれるはずです。

05

# アドレス帳は名刺の束で代用する

## ◉常に厳選した名刺を持ち歩く

私は、手帳のアドレス欄を使わなくなって、もう15年はたちます。

もちろん、すべてのアドレスを覚えているのではなくて、データとしてはパソコンで管理してしまっています。

ただし、手帳でも「アドレス」関連は、まったく何も用いないわけではありません。

といっても、これは手帳そのものを使うというのとは違います。

私の場合、

・重要

・**仕事の継続中**
・**よく連絡する**

といった人たちは、常に「〝**最新版**〟**名刺をそのまま持つ**」ことにしているのです。

とはいえ、名刺入れに入れたままだと使うときに面倒ですので、「手帳に名刺を入れる」ことにしています。

まあ、これも「入れておく」のですから、手帳を〝使う〟ことにはなるかもしれません。

もともと仕事が継続中なら、近年は電子メールのやりとりが主ですので、名刺を参考にすることはあまりありません。それでも、

「Tさんの携帯は何番だったっけ?」
「初めて会った日、たしかメモしていたよな?」
「あそこの会社の正確な社名は〈前株〉かな?」

などというときに、名刺1枚あれば、すぐわかるということもあります。

ということで、20～30枚、この名刺を手帳に入れておくことが、利用頻度の高いアドレス帳の代わりになってくれます。

## ◉松本流・名刺発想術

また、名刺を持ち歩く副次的な効果として、名刺にふれて、その人のことを考えていますと、様々なアイデアが浮かんでくることもあります。これは面白いことです。

パソコンの画面でいくら相手のアドレスや住所、名前を見ていても、こういうことはありません。

しかし、名刺を手に持って、考えを巡らせていくうちに、アイデアが出てくることもあるのです。

持ち物には魂が宿る、などというと大げさかもしれませんが、これはやはりデジタル・ツールにはない〝実感〟の効用かもしれません。

06

# ノート、クリアファイルであらゆるものを視覚化する

## ◉ノートで大きなアイデアを視覚化する

「手帳のサブ」として、デジタル・ツールを用いることの効用をいくつか述べましたが、じつは、アナログ・ツールを「サブ」にしても構いません。

まず、１つ目は「**ノート**」です。

これは、手帳の「メモ」のサブとして用いるわけです。

ただし、ノートと併用していると、メインが手帳かノートかわからなくなりますので、あくまでもメインは手帳ということを忘れないようにしてください。

手帳には超大型サイズはあまりなく、システム手帳なら、いわゆるバイブルサイズが普

通でしょう。

また、さらに小型の手帳を使う人もいるものです。

しかし、私の経験からいきますと、**「ときには大型のノートに思いきりメモしてみる」**のもいいことなのです。

面白いもので、ノートが大判になればなるほど、アイデアも大きくなる気がするから不思議です。また、アイデア同士を結びつけていくにはどうしても〝図解〟が欠かせなくて、そのためのスペースもノートなら十分にとれるものです。

この「アイデア」「メモ」というのは、手帳の生命線ともいうべき部分です。

だからといって、「じゃあ、すべてノートでいいですよ」としてしまうと、手帳の存在価値はなくなります。

もしも利点が手帳にあるとしたら、システム手帳なら、ノートと違って自由にリフィルを取り外せるということがあるでしょう。

また、より本質的な点として、手帳は「一元化」というのが大きな強みです。

つまり、アイデアを書く手帳の中には、同時にＴｏＤｏリストもあれば、スケジュールもあります。目的別のリストを持っていれば、夢や目標だって見られるわけです。

一方、ノートは、基本は１冊１テーマです。

もしも、１冊のノートに、スケジュールやＴｏＤｏまで記すと、わけがわからなくなってしまいます。

## ◉クリアファイルで夢・目標を視覚化する

もう１つのアナログ・ツールとして、「**クリアファイル**」や「**ビニールケース**」が挙げられます。

手帳は自分の予定やアイデアを「視覚化」「見える化」するツールといえますが、何も文字情報だけが視覚化の対象ではありません。

仮に３年以内にＴＯＥＩＣで８５０点とる、という目標を書いたとしましょう。

これは文章で、視覚化したことになります。

ただインパクトの強さという点では「文章」よりも、写真やイラストなどのリアルなもののほうがあるはずです。

わかりやすい例なら「写真」でしょう。

もしも、イ・ビョンホンのように人気のある俳優になる、という夢のある人がいたとしましょう。そのとき、「イ・ビョンホンのようになる！」というのは文章での視覚化です。しかし、せっかく手帳を使うなら、『美しき日々』でチェ・ジウと共演していたときの〝写真〟、イ・ビョンホンの画像が、手帳に入れられれば、文で書くよりもインパクトがあるでしょう。

私のシステム手帳にはクリアファイルを組み込んであり、そこには、坂本竜馬のカラー写真が入っています。

「気宇壮大に夢を持って生きる！」などと手帳に書かなくても、竜馬の写真1枚で、モチベーションも上がろうというものです。

また、誰とはいいませんが、私の一番好きな女性の写真も入っています。

その写真を手帳で見るたびに、「よし、この女性を幸せにしよう！」という気分になり、仕事にもハリが出てきます。クリアファイルにはこんな効果もあるのです。

# 第５章のポイント

- デジタル・ツールは手帳の「保険」の役割をする
- ケータイ・メモなら、場所を選ばずあらゆる情報が記録可能
- あえて不完全なケータイ・メモが脳を鍛える
- スケジュール管理にも、やる気アップにも、アラームは必需品
- アドレス帳の代わりに名刺の束を手帳に入れる
- 大かかりなアイデアは、ノートで「見える化」する
- 夢や目標はクリアファイルでビジュアルに落とし込む

おわりに

## 手帳術の究極は手帳にとらわれないこと――

もしも「手帳」が、紙ベースの手帳1冊でなければいけないとしたら……。この考えにとらわれてしまうと、「メイン」と「サブ」、デジタルツールとの併用・共存といったアイデアは、出てこなくなるでしょう。

手帳の本でおかしなことをいうようですが、**「手帳術の究極は手帳にとらわれないこと」**だといえます。紙の手帳にこだわりすぎないのもそうですが、そもそも、誰もが手帳を使わなければいけないわけではないのです。

「ねばならない」という考え方からは、自由になってください。

仮に、「誰もが常に手帳を使わなくてはいけない」となったら、そんな世界は息苦しくてどうしようもないでしょう。

たとえば、私はプライベートで旅行に行くときには、手帳を家において出かけます。目的は、「手帳にとらわれない」がためです。

あくまでもあなたが主人で、手帳は、その召使のような位置にあります。手帳が主人になって、それに振り回されてしまっては、一体誰のための人生でしょうか?

手帳を家に置いたなら、「仕事」はどうなるんだ、という方もいるでしょう。

答えは、それでも困らない、です。オフには仕事のことから100%離れることが大切だからです。

私は年に少なくても海外は3回くらい、国内は5、6回は旅行をしています。

もちろん、出張で100日ぐらいは様々な土地に行きますし、時々海外もあります。

しかし、それとは別です。そのとき、仕事からはまったく離れてしまいます。

十分に連絡をし、憂いをなくしておいて、あとは旅行、遊びに心を解放してしまうのです。

気のおけない友人と京都旅行をしたり、韓国に行ったりしたりして、「生きていてよかったなぁ」という時間を味わうようにしています。

手帳というのは、本来は、そんな充実した人生をすごすために、**普段の仕事をスピードアップし、自分のために使える時間を確保する〝ツール〟**なのです。

手帳に書くこと、使いこなすことは本来の〝目的〟ではありません。

そのことに気づいたとき、あなたは「手帳道」の黒帯になれます。

どうか、時間やスケジュールにとらわれすぎない自由な心で、手帳の主人、時間の主人公になってください。

松 本 幸 夫（まつもと　ゆきお）

時間管理コンサルタント。1958年東京生まれ。流通、通信、製薬、保険、電気、金融、食品といった業界で、「時間管理」や「目標管理」をテーマに、年間200回以上の研修・講演活動を行なう時間活用のエキスパート。「仕事が10倍速くなるコツ」を具体的な方法論までに落としこんだアドバイスは、受講者からの支持も高く、リピート率は90%を超える。主な著書に、『仕事が10倍速くなるすごい!法』（三笠書房）、『定時で上がる!手帳術』（すばる舎）、『早く家に帰るための「仕事のルール」』（PHP研究所）がある。

●メールマガジン:「タイムイズライフ　時間と人生を考える賢人の知恵」
http: //www.mag2.com/m/0000234836.html

仕事《しごと》が10倍速《ばいはや》くなる！
スピード手帳術《てちょうじゅつ》

2008年 3月 1日　初版発行

著　者　松本幸夫 
発行者　上林健一

発行所　株式会社 日本実業出版社　東京都文京区本郷 3 − 2 − 12 〒113-0033
大阪市北区西天満 6 − 8 − 1 〒530-0047

編集部 ☎03 − 3814 − 5651
営業部 ☎03 − 3814 − 5161　振　替　00170 − 1 − 25349
http://www.njg.co.jp/

印 刷／三晃印刷　　製 本／若林製本

この本の内容についてのお問合せは、書面かFAX（03−3818−2723）にてお願い致します。
落丁・乱丁本は、送料小社負担にて、お取り替え致します。

ISBN 978-4-534-04357-3　Printed in JAPAN